PLIAGES

utiles

Didier Boursin

BORDAS
Dessain et Tolra

Remerciements

À tous ceux qui, de près ou de loin, m'ont aidé et encouragé à l'élaboration de ce livre.

À mes trois enfants Nina et Angelo qui m'ont offert beaucoup de leur créativité et à Tessa pour ses conseils.

À Setsuko ma complice de longue date.

À mes amis et créateurs qui m'ont témoigné leur amitié : Luisa Canovi, David Brill, Steve et Megumi Biddle, Sumiko et Yoshihide Momotani, John Cunliff, Takeshi Inoué, Nick Robinson, Lionel Albertino et Anne Lefaou.

À Françoise Pallarès d'Arjo Wiggins qui m'a fait connaître de merveilleux papiers.

À Cactus et Fabrice Besse pour ses magnifiques photos inondées de lumière.

Vous pouvez m'écrire pour me faire part de vos expériences et de vos trouvailles :

Didier Boursin
Création Setsuko
17, rue Sainte Croix de la Bretonnerie
75004 PARIS
Tel (16 1) 42 71 56 23
Fax (16 1) 48 04 79 66

Textes et dessins : Didier Boursin
Stylisme photo : Didier Boursin
Photographies : Cactus

Maquette P A O : Michèle Andrault
Coordination technique : Claudine Vanlathem
Direction Éditoriale : Catherine Franck-Dandres
Édition : Corinne Booth

Photogravure : Graphotec

Dépôt légal : février 1995 ; réimpression dépôt légal : juillet 1996
ISBN : 2-04021776-2

imprimé par Mame à Tours

Laissez parler les petits papiers...

Les premiers pliages utiles ont vu le jour il y a plusieurs siècles, au Japon, au cours de cérémonies religieuses shinto sous forme d'offrandes aux divinités. Bien que l'idéogramme soit différent, le mot «kami» signifie phonétiquement «divinité» mais aussi «papier». Ceci montre à quel point le papier possède à cette époque un caractère sacré pour les prêtres shinto qui transcendent sa beauté et sa pureté en le pliant pour symboliser la présence des dieux.

L'un des premiers pliages utiles est un emballage en papier blanc, le «noshi awabi». Il enveloppe une sorte de coquillage se présentant sous forme de fines tranches séchées et étirées à plat. Celui-ci est offert au samourai en guise de cadeau avant son départ au combat pour lui porter bonheur et lui souhaiter longue vie. Le coquillage est ensuite progressivement remplacé par une fine bande de papier jaune enveloppée dans un pliage plat tout en longueur, le «noshi». Il reste encore aujourd'hui pour les japonais un porte bonheur que l'on place sur les paquets, parfois il est simplement imprimé sur le papier d'emballage. Plus tard, d'autres «noshis» apparaissent ainsi que des boîtes et des enveloppes pour les offrandes mais aussi pour conserver sel, riz, thé, feuilles d'algues et plantes médicinales. Le contenu de chaque emballage est reconnaissable d'après son mode de pliage. La plupart de ces modèles, du fait de la rareté du papier, étaient confectionnés par des maîtres et se transmettaient oralement. Avec l'industrie du papier, le pliage entra un peu plus dans la vie quotidienne pour emballer les cadeaux traditionnels tels que baguettes, éventails, fils aiguilles, pinceaux, peignes, etc. Il deviendra beaucoup plus tard un passe-temps connu sous le nom d'origami («oru» : plier ; «kami» : papier).

Dans ces pages, le papier acquiert une nouvelle dimension et vous découvrirez par vous-même que c'est un matériau très facile à plier pour donner vie à des objets aussi utiles qu'agréables. Avant de commencer arrêtez-vous un moment à la page des plis et symboles où sont expliqués les plis essentiels : le pli «vallée», en creux, et le pli «montagne», en arête, ainsi que d'autres mouvements qui seront utiles par la suite. Pour éviter toute erreur, faites bien la différence entre «plier le papier» et «marquer le pli». Dans le premier cas, vous conservez le pli, dans le second, vous le pliez comme l'indique la double flèche. Reportez-vous si besoin au schéma suivant qui permet aussi de comprendre l'étape précedente.

Exercez-vous dans un premier temps à plier dans le format demandé des modèles simples, dans des papiers ordinaires pour acquérir une légèreté des gestes et une précision des mouvements sans froisser ni corner votre pliage. Pour cela, apprenez d'abord à connaître le papier en le pliant et en le manipulant spontanément. Découvrez sa texture soyeuse ou granuleuse, touchez sa surface brillante ou mate, estimez son épaisseur du bout des doigts pour choisir un papier n'excédant pas 90 g. Interrogez-vous sur son origine et son degré de transparence. Dans tous les cas, préférez un papier qui marque bien son pli. Passez ensuite à des modèles plus élaborés. Dans le sommaire, le niveau de chaque pliage est indiqué : une étoile pour les plus faciles jusqu'à trois étoiles pour les plus complexes. Mais chacun pourra, au gré de son imagination et de sa créativité, détourner ces pliages initiaux pour les adapter à ses besoins et y ajouter une touche personnelle. Je vous invite à découvrir la richesse d'expression des pliages utiles autour de thèmes quotidiens comme la corres-pondance, l'art de la table, la décoration, le cadeau, en espérant qu'ils vous apporteront beaucoup de plaisirs.

SOMMAIRE

*	très facile
**	facile
***	difficile

PLIS ET SYMBOLES

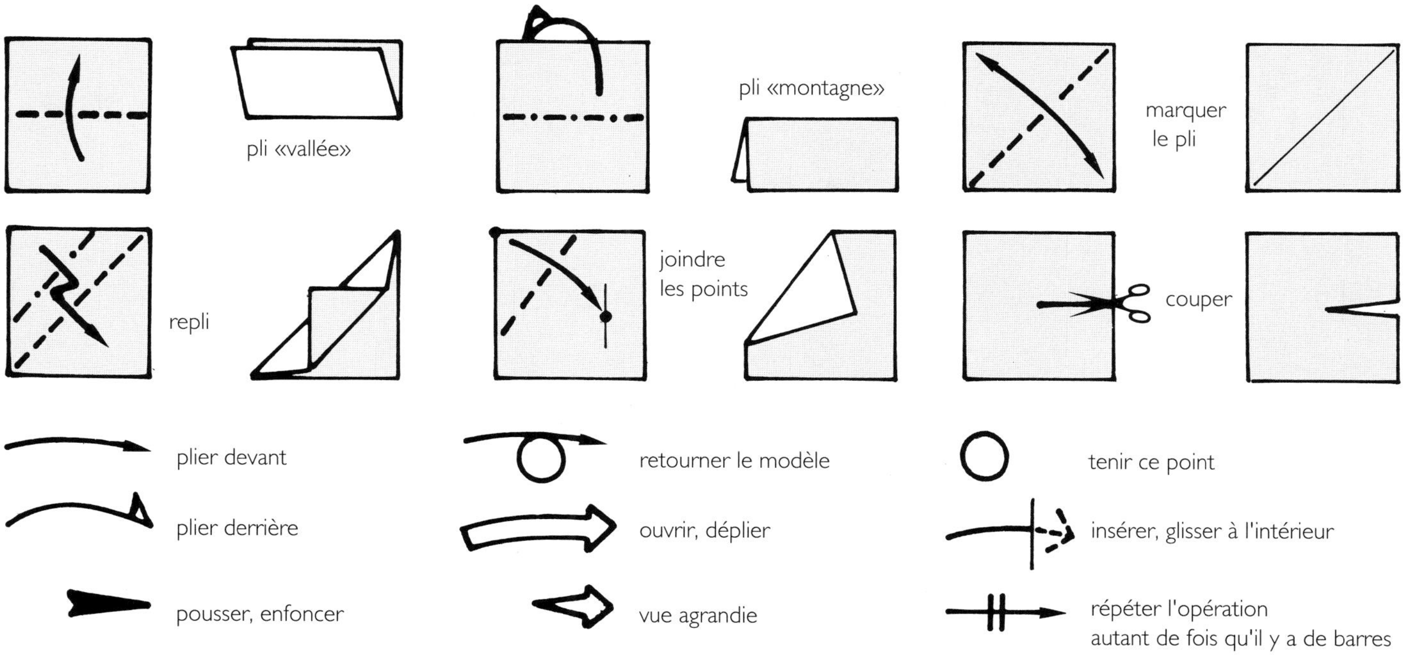

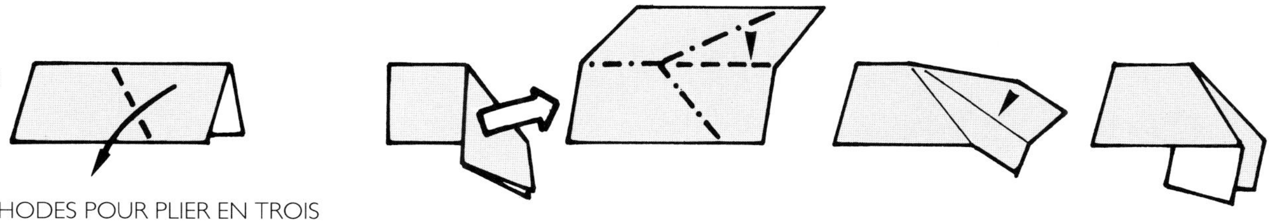

DEUX MÉTHODES POUR PLIER EN TROIS

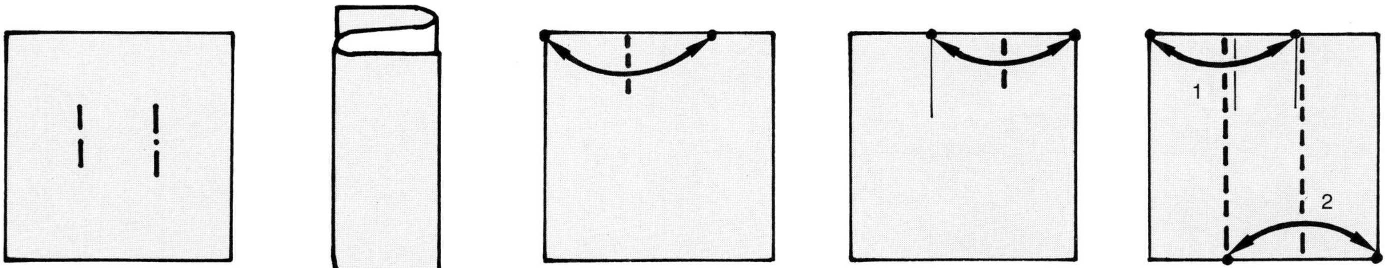

courber en zig zag

ajuster puis aplatir

marquer un premier pli à peu près au tiers

marquer un nouveau pli en joignant le premier

puis plier sur le dernier pli et marquer ensuite le tiers du côté droit

TRIANGLE ÉQUILATÉRAL

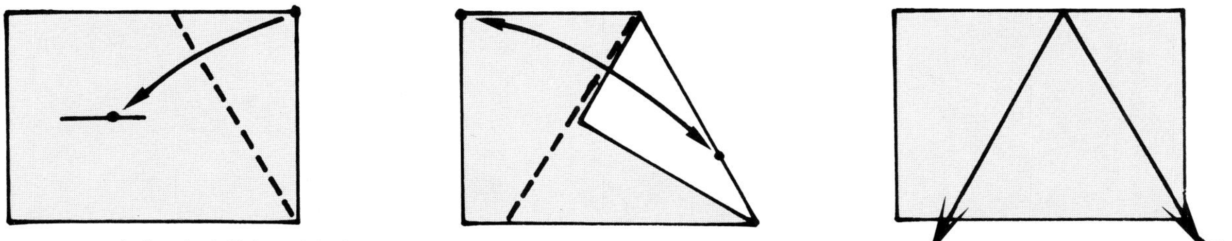

en partant de l'angle inférieur, joindre le pli central d'une feuille A 4

marquer le pli en rabattant le côté gauche sur le premier pli puis déplier

découper les côtés

BASE DE LA BOMBE A EAU

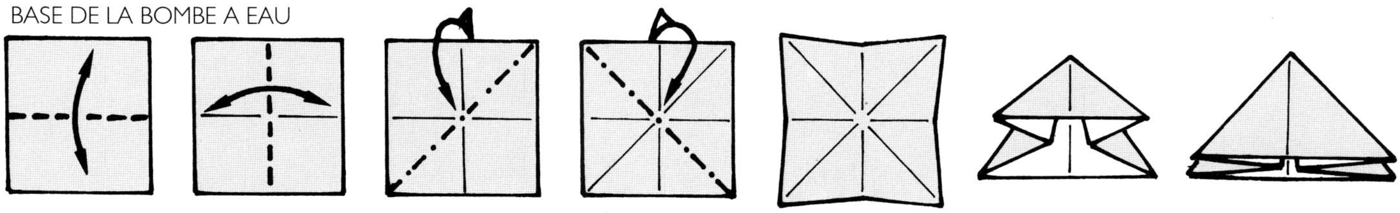

BOÎTE ÉTOILÉE

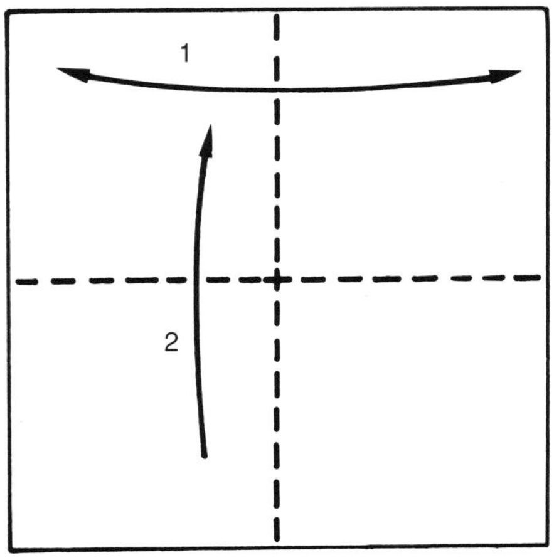

1 marquer le pli vertical puis plier en deux vers le haut

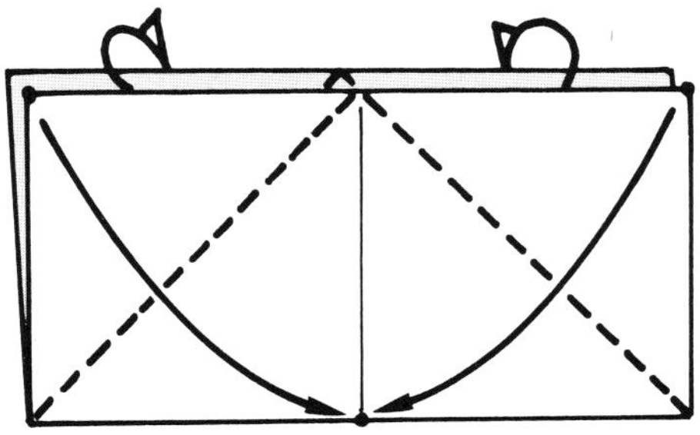

2 rabattre les angles au centre en joignant les points, procéder de même manière

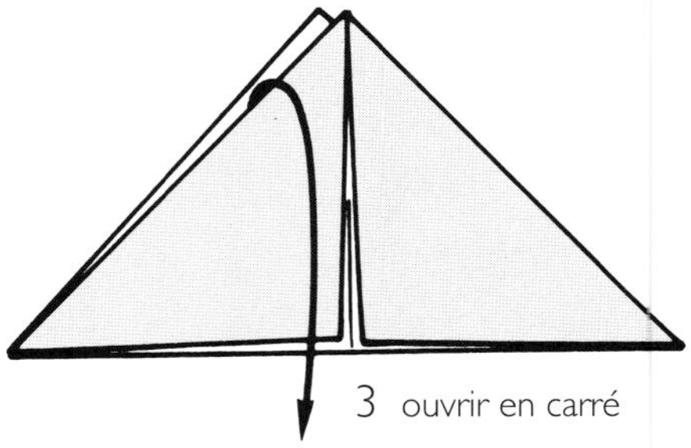

3 ouvrir en carré

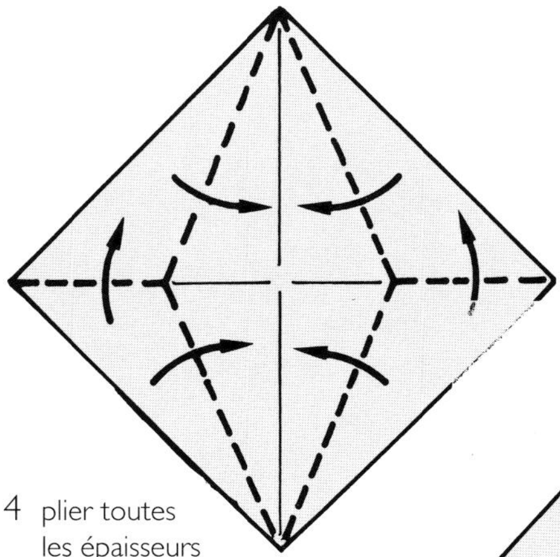

4 plier toutes les épaisseurs comme indiqué

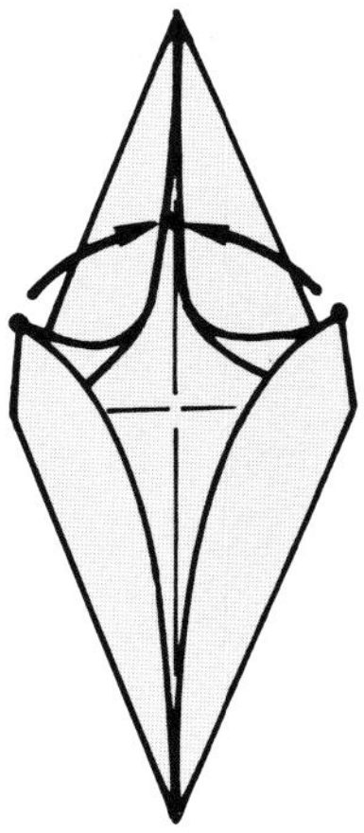

5 mettre à plat en joignant les pointes au centre

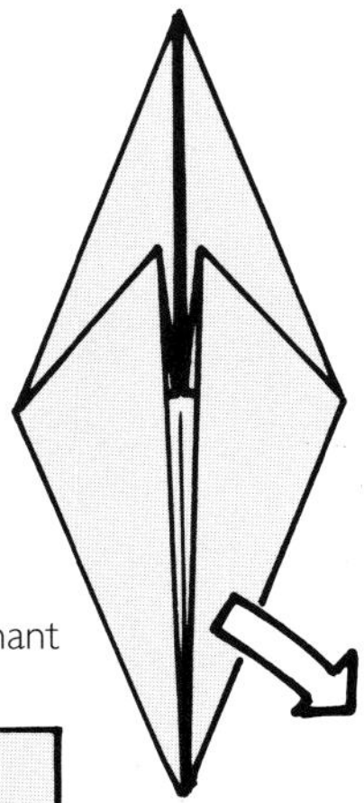

6 déplier complètement

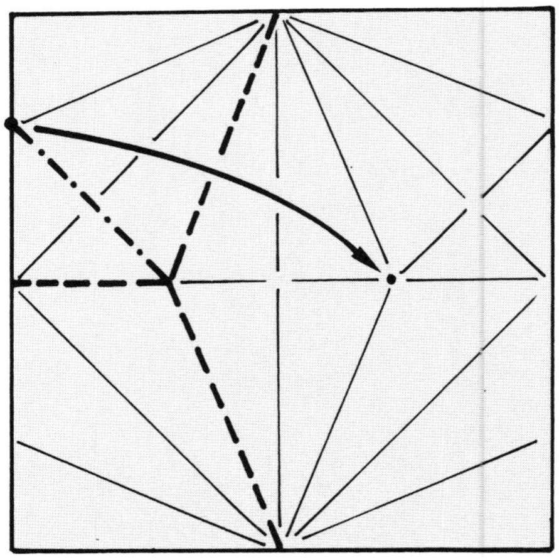

7 plier en joignant les points

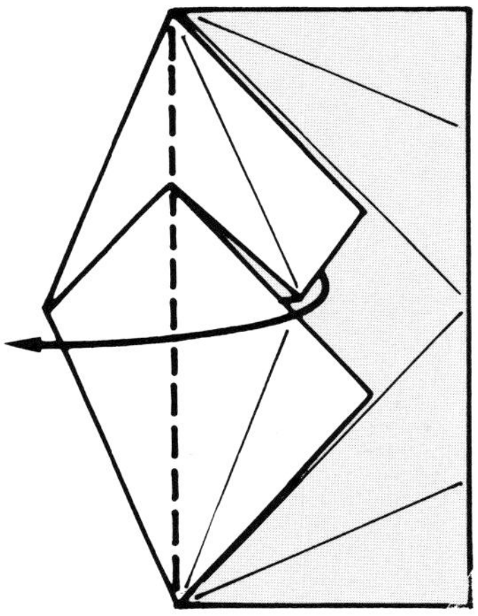

8 rabattre vers la gauche

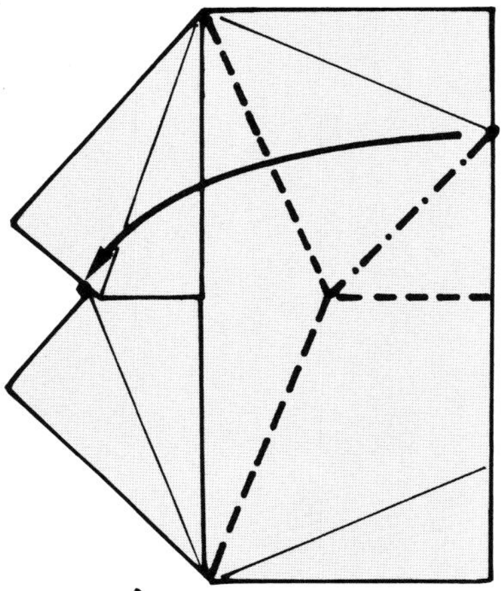

9 plier en joignant les points puis procéder comme en 8

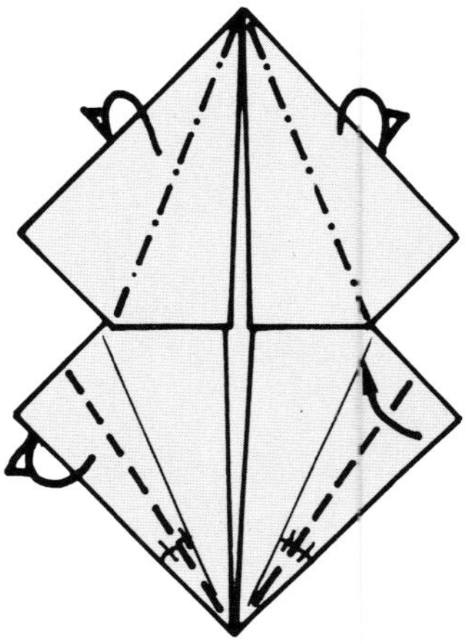

10 pour bloquer la partie haute, rentrer les languettes à l'intérieur sous les triangles

10 bis sur la partie basse, rabattre le long du pli marqué : derrière à gauche dessus à droite

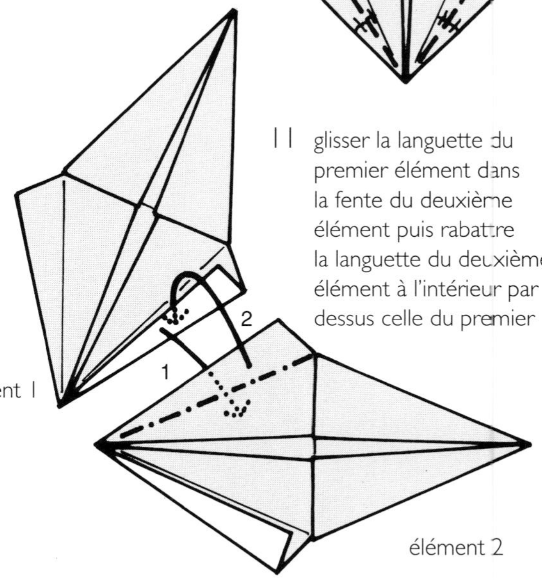

élément 1

élément 2

11 glisser la languette du premier élément dans la fente du deuxième élément puis rabattre la languette du deuxième élément à l'intérieur par dessus celle du premier

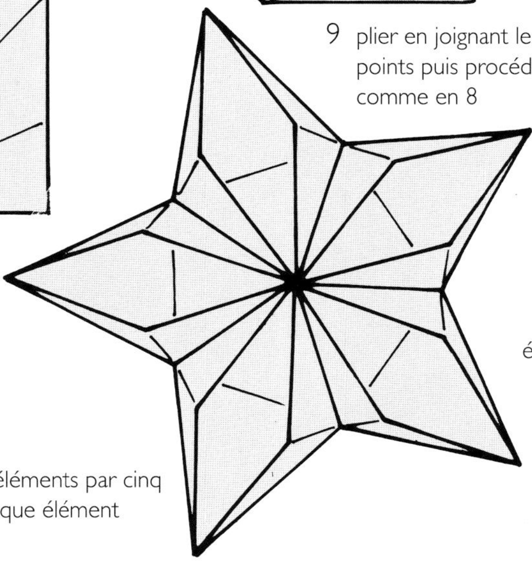

12 assembler les éléments par cinq puis ouvrir chaque élément

SUR LE PONT. Dans les branches de cette étoile de mer, il y a des noisettes, des pistaches et tout ce qu'il faut pour accompagner un coktail réussi.

BOÎTIER

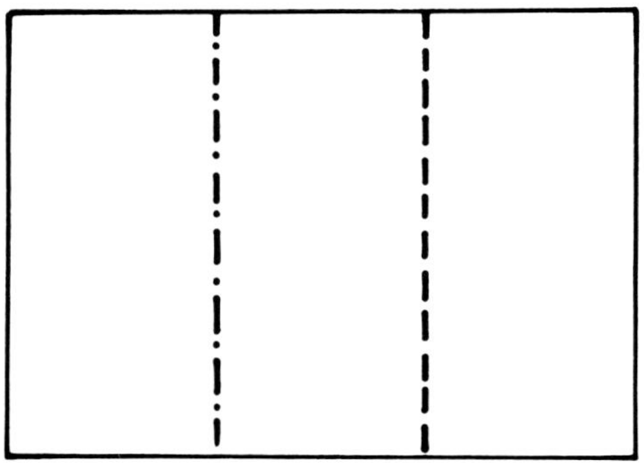

1 marquer les tiers d'une feuille A4 (voir p. 5)

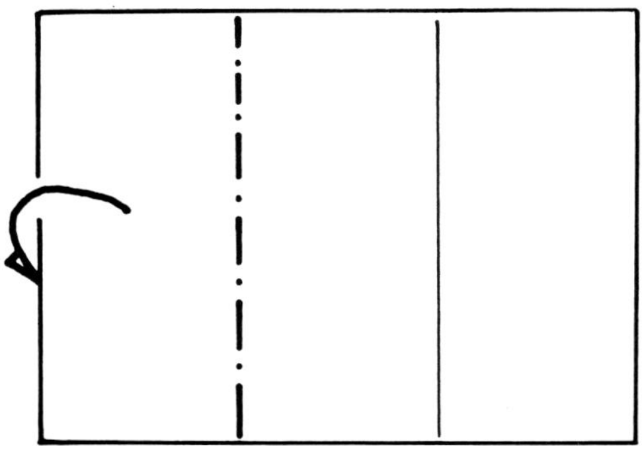

2 rabattre derrière une bande

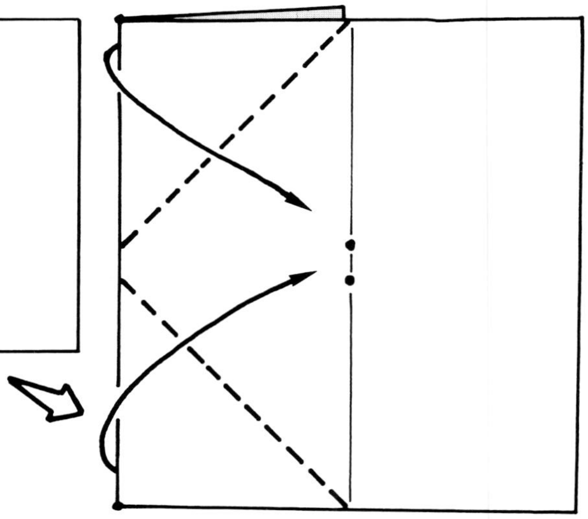

3 rabattre les deux coins sur le pli marqué

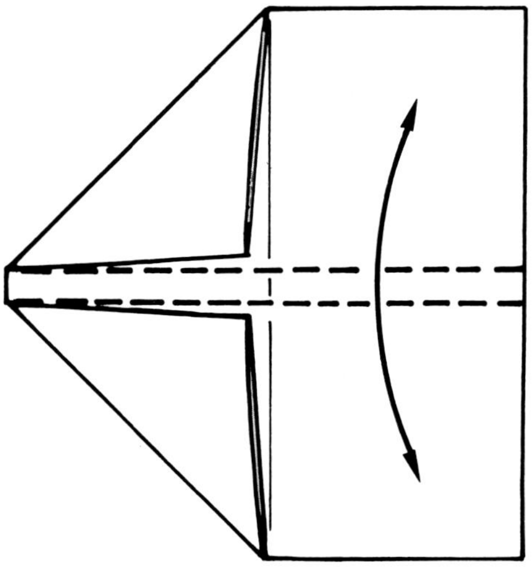

4 marquer les deux plis horizontaux

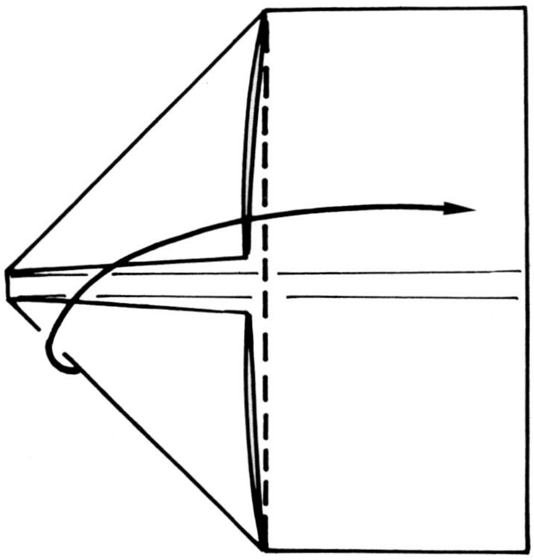

5 rabattre la partie gauche

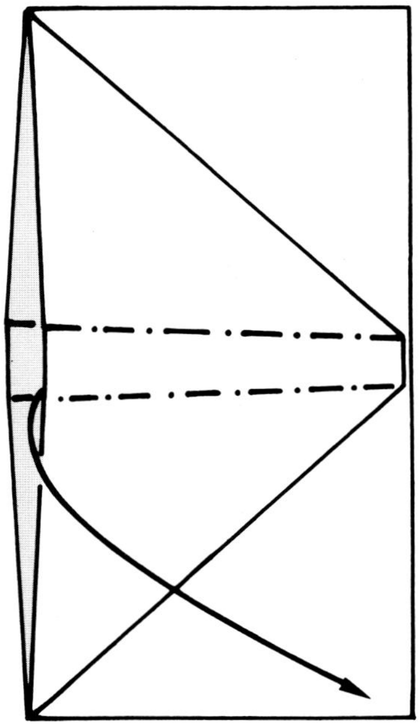

6 ouvrir la poche pour faire apparaître le volume

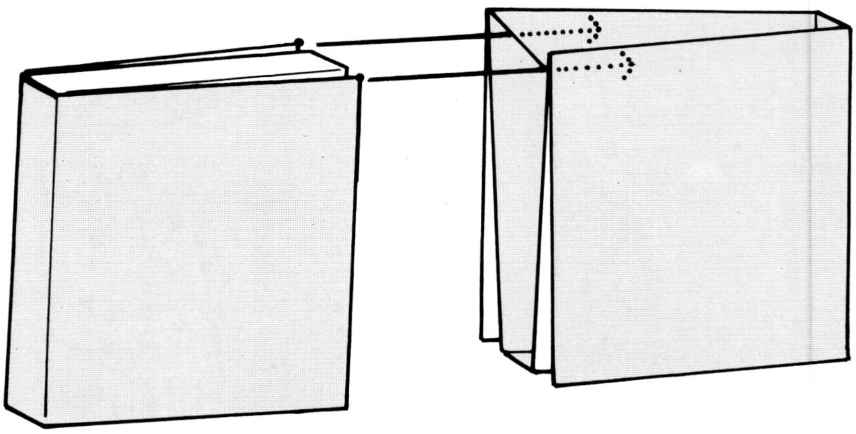

7 emboîter deux pliages identiques en glissant les coins dans les poches en haut; pour emballer un disque compact, il faut deux feuilles 42,6 cm x 29,6 cm

DE CONCERT. Le pliage, comme la musique, se joue du bout des doigts. Pour ce boîtier, vous n'avez pas besoin d'être un virtuose. C'est une œuvre à la portée de tous et vous ne risquez pas de fausses notes.

MARQUE PAGE

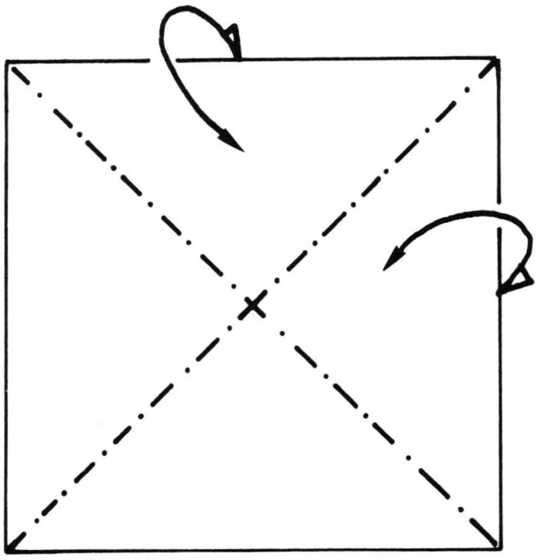

1 marquer les diagonales d'un petit carré (10 à 12 cm de côté) en pli «montagne»

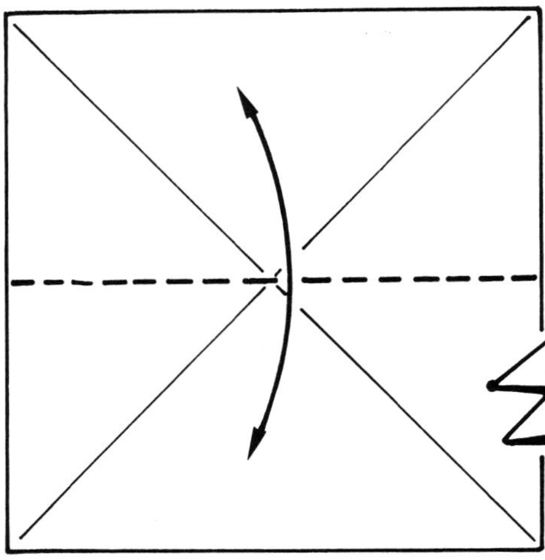

2 marquer le milieu en pli «vallée» puis mettre en volume base de la bombe à eau (voir p.5)

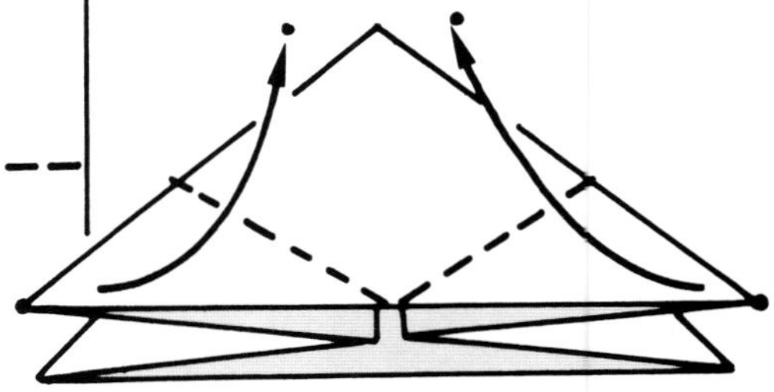

3 remonter les pointes aux points marqués

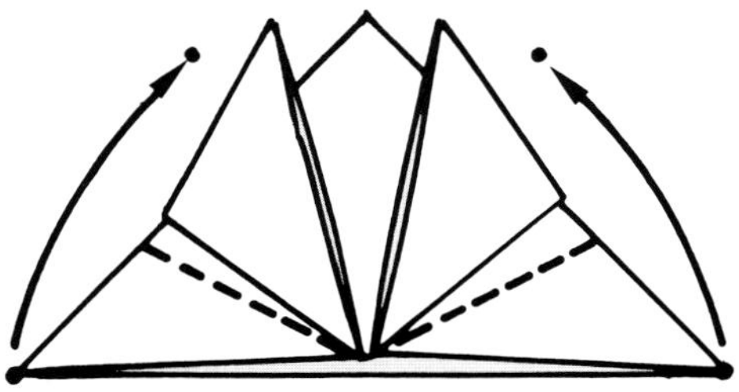

4 puis les deux autres pointes en les décalant

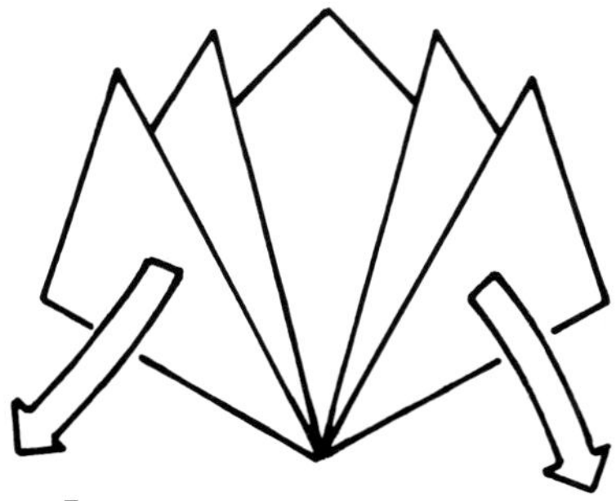

5 comme ceci puis déplier complètement

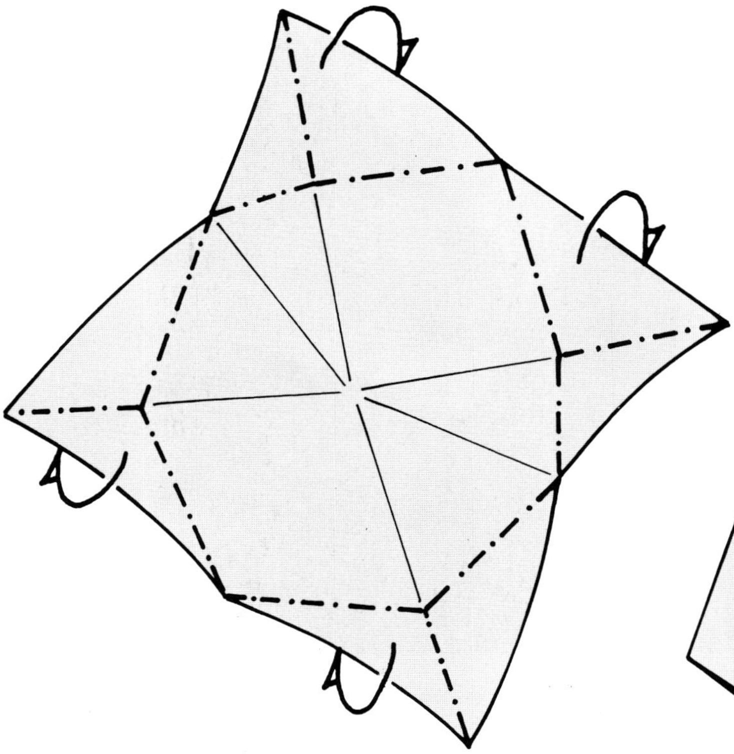

6 rabattre les quatre pointes derrière puis remettre dans ses plis

7 placer les triangles du dessus à l'intérieur de ceux de dessous

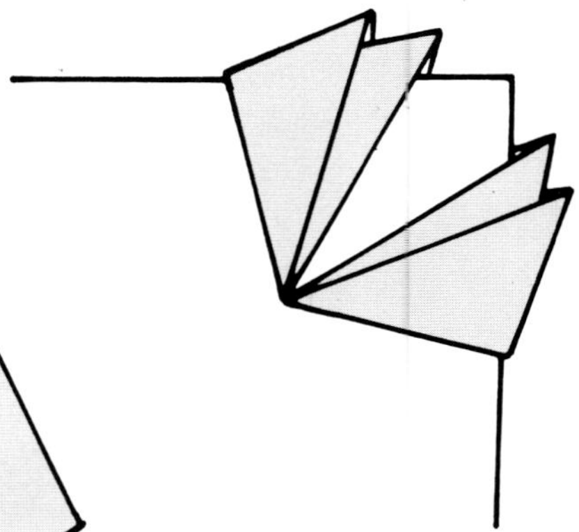

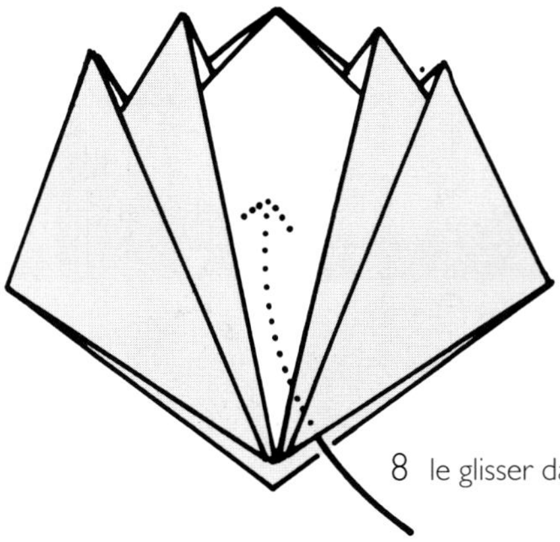

8 le glisser dans l'angle d'un livre

DE PAGE EN PAGE. Cette petite fleur de lotus accompagne tous vos bons moments de lecture. Elle se glisse dans l'angle d'une page d'un livre et permet de retrouver rapidement l'endroit où vous vous êtes arrêté.

BOÎTE TRIANGULAIRE

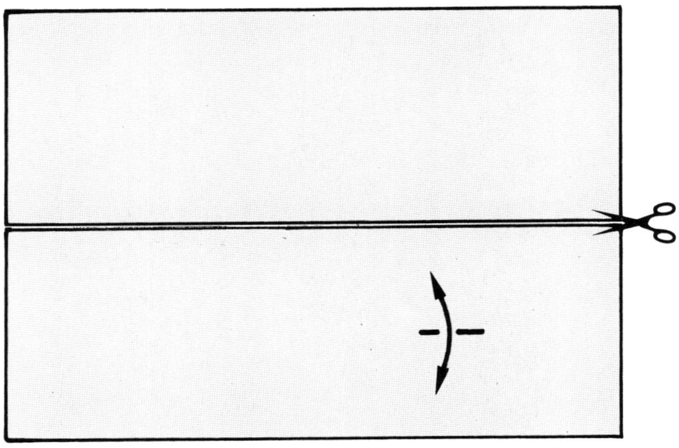

1 marquer d'un pli le milieu d'un demi A4 ou d'une feuille plus grande

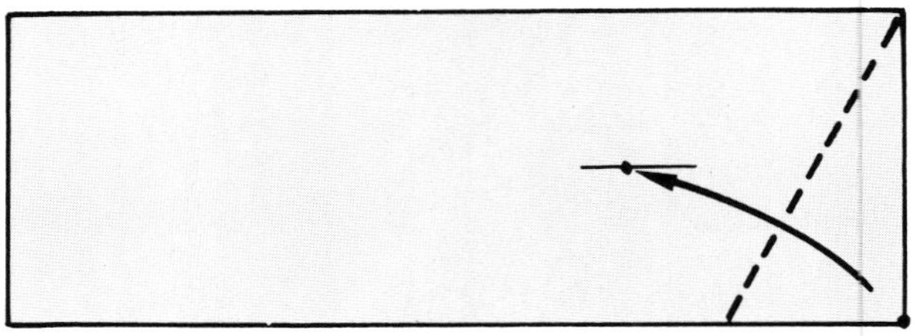

2 en partant de l'angle supérieur, joindre les points sur le pli central

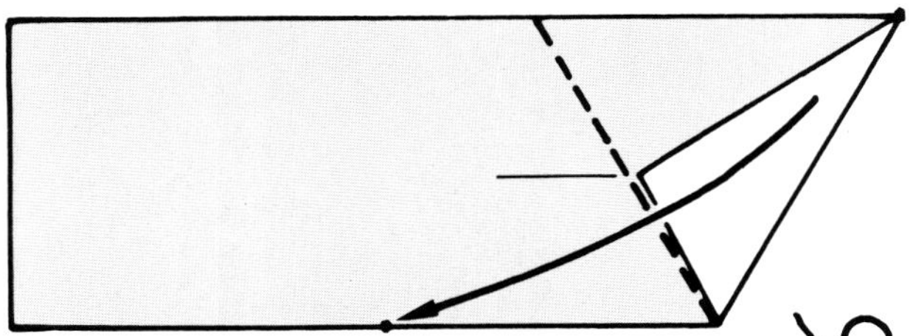

3 rabattre la partie droite en juxtaposant les bords puis retourner

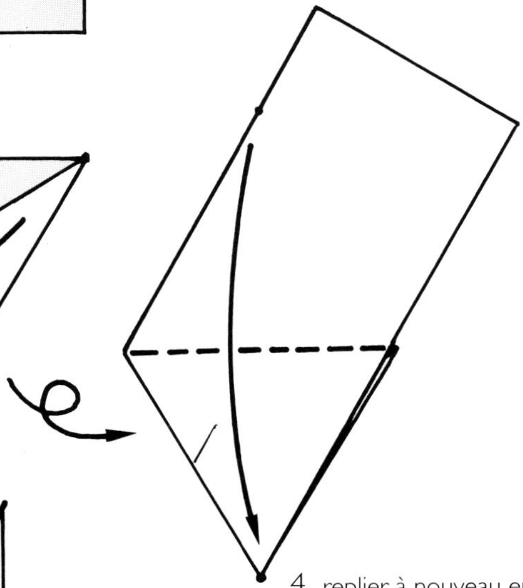

4 replier à nouveau en faisant correspondre les bords

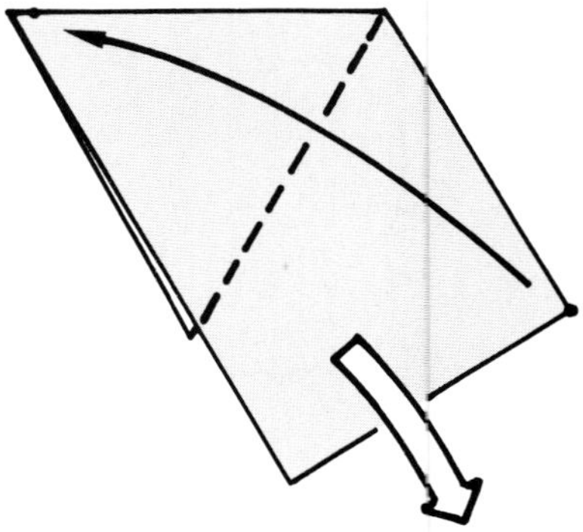

5 replier une dernière fois comme précédemment puis déplier complètement

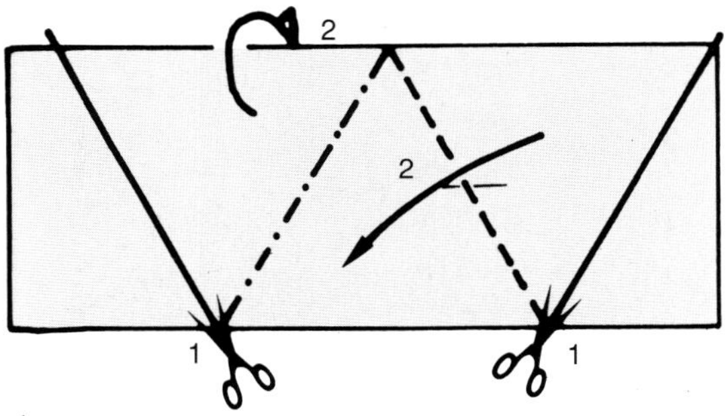

6 découper aux traits forts puis plier comme indiqué

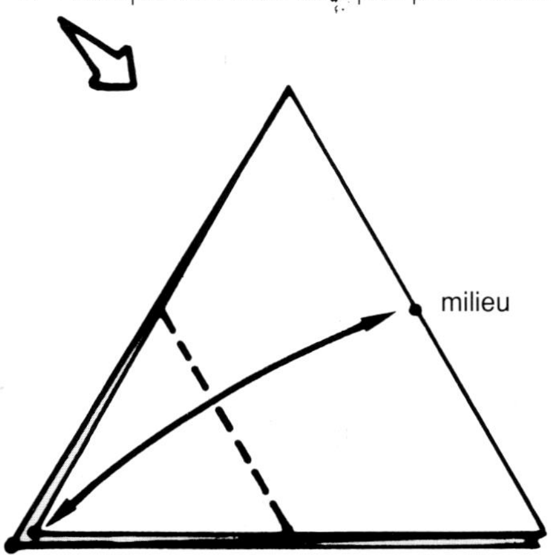

7 marquer le pli sur toutes les épaisseurs jusqu'à la marque centrale en joignant les points

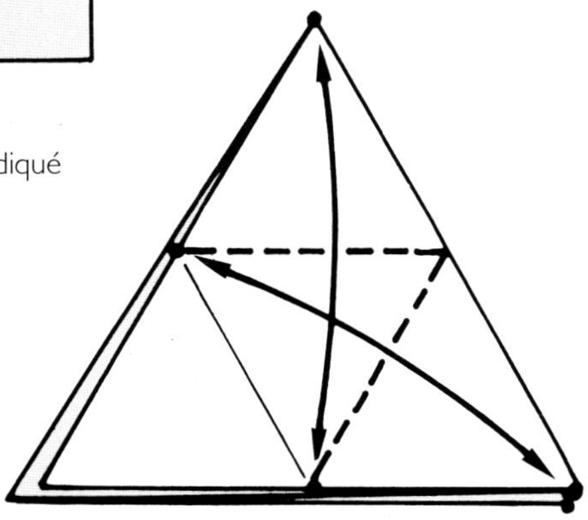

8 puis marquer les deux autres côtés sur toutes les épaisseurs

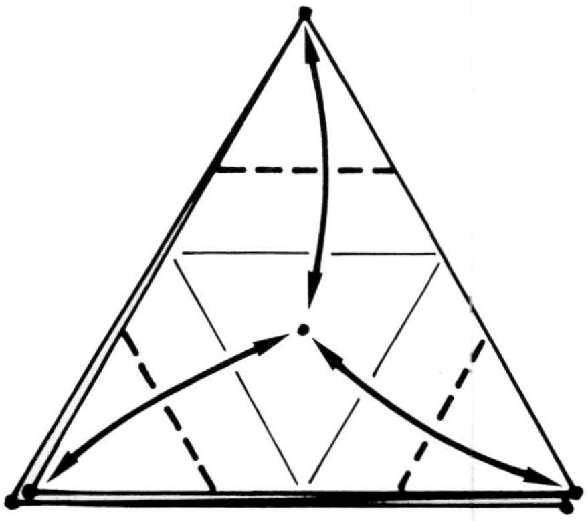

9 joindre les trois pointes au centre sur toutes les épaisseurs puis déplier

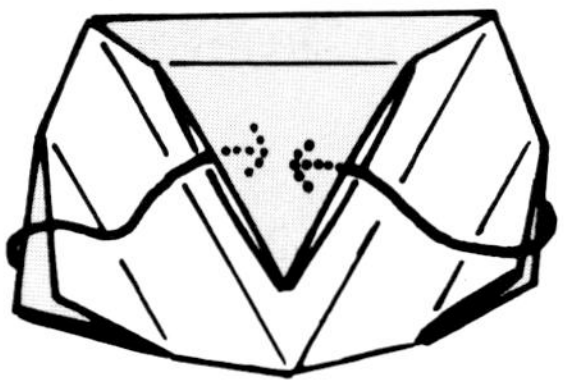

10 le triangle du haut étant rabattu en volume, glisser les deux autres côtés dans les poches

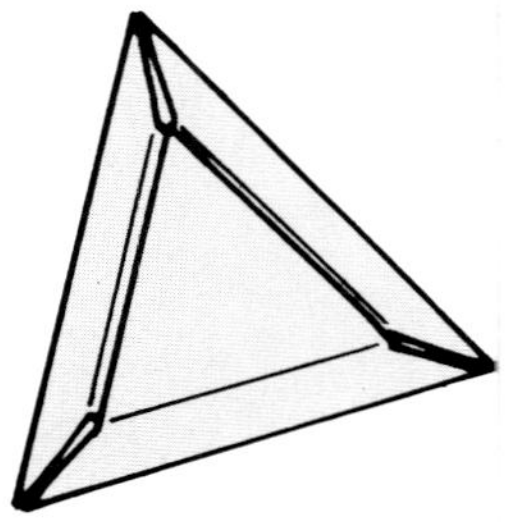

UN ÉCRIN. Les emballages les plus beaux sont ceux que l'on réalise soi-même. Une simple feuille de papier se métamorphose par quelques plis en un très bel écrin pour une broche ou tout autre bijou fantaisie.

SACHET

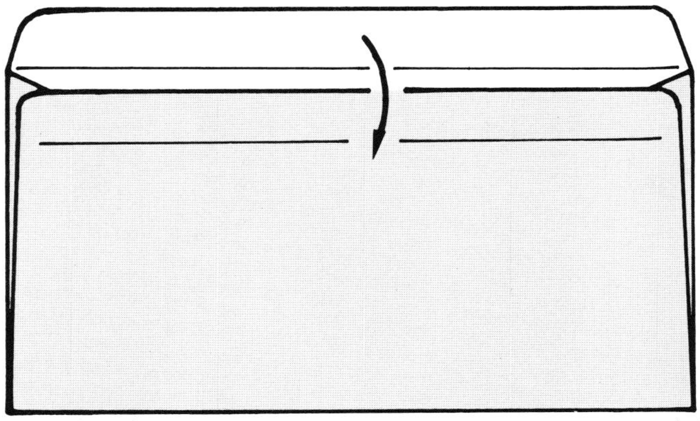

1 coller la languette d'une enveloppe puis retourner

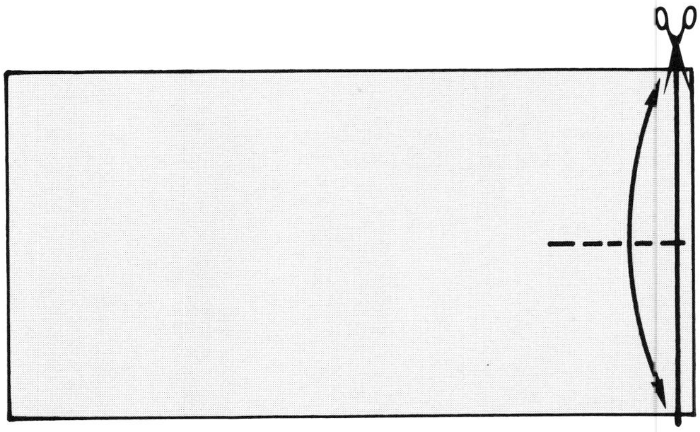

2 découper aux ciseaux quelques millimètres puis marquer le pli central sur 4 cm environ

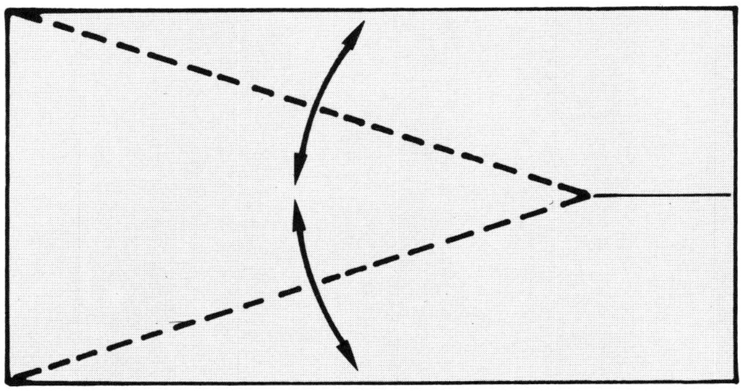

3 marquer les plis en biais de chaque côté

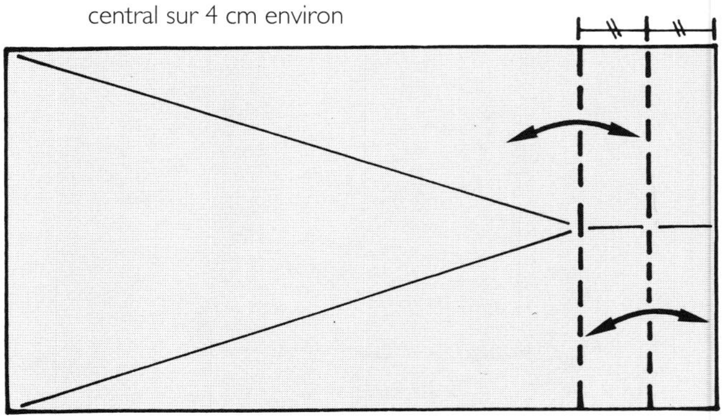

4 puis marquer les plis verticaux

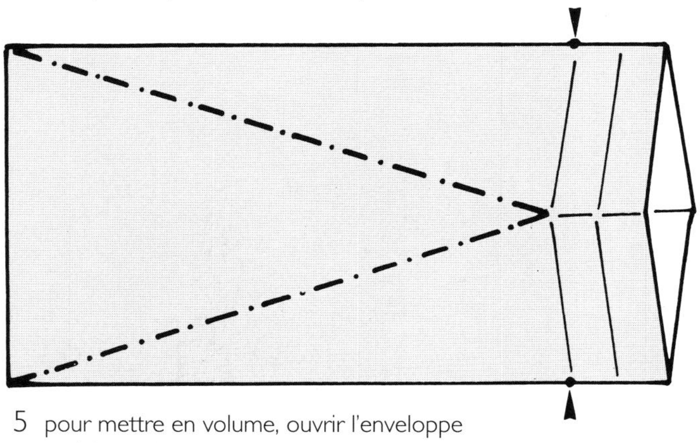

5 pour mettre en volume, ouvrir l'enveloppe en joignant les points puis bien marquer les plis

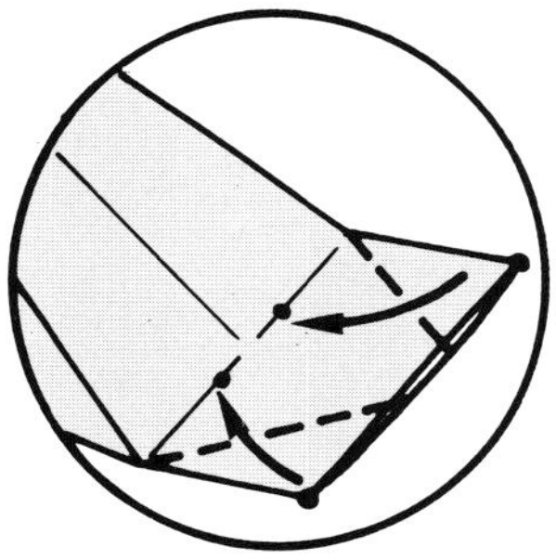

détail

6 plier les coins en joignant les points

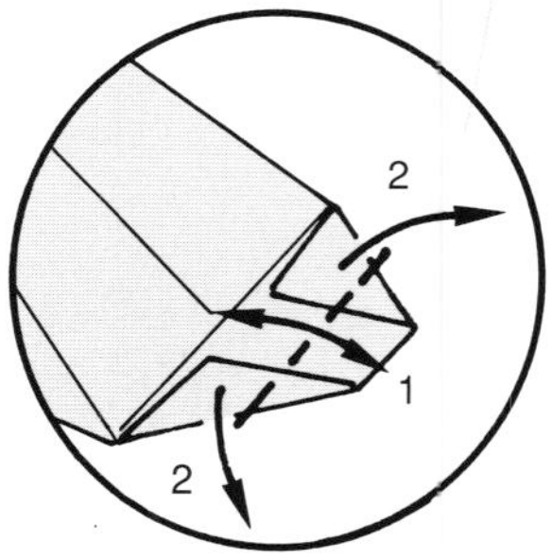

7 marquer le pli indiqué puis déplier les angles

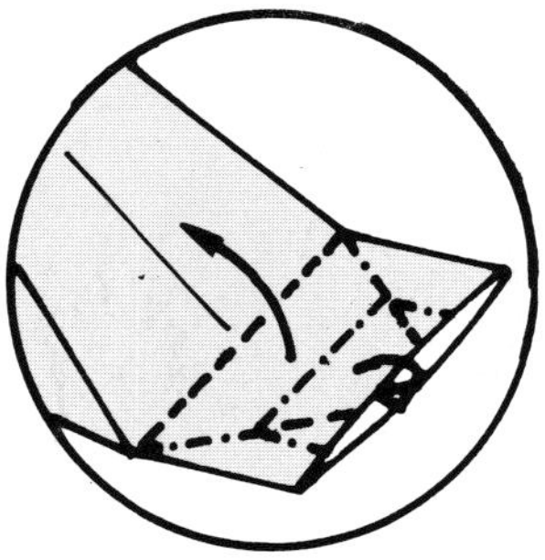

8 remonter une épaisseur en mettant en creux l'extrémité

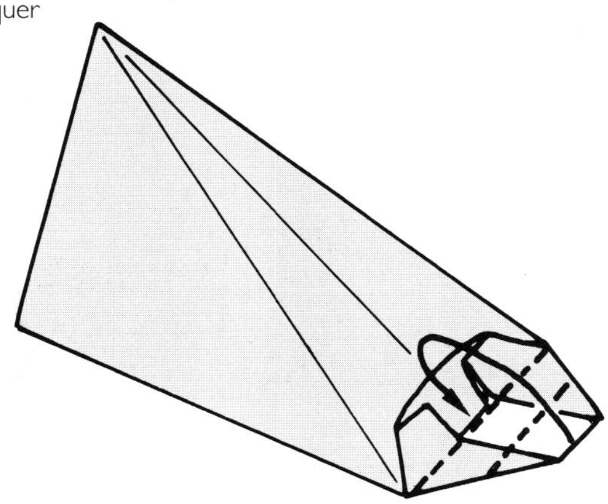

9 introduire l'épaisseur du dessous comme indiqué

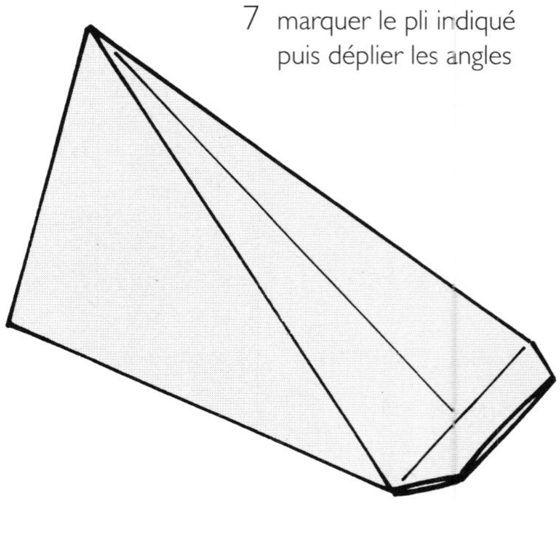

UN CADEAU. Vous ne soupçonnez pas les possibilités cachées d'une simple enveloppe. Elle se transforme en un tour de main en volume pour les petits cadeaux à emballer à la dernière minute. On trouve, aujourd'hui, des enveloppes de toutes les couleurs et de toutes les tailles.

PORTEFEUILLE

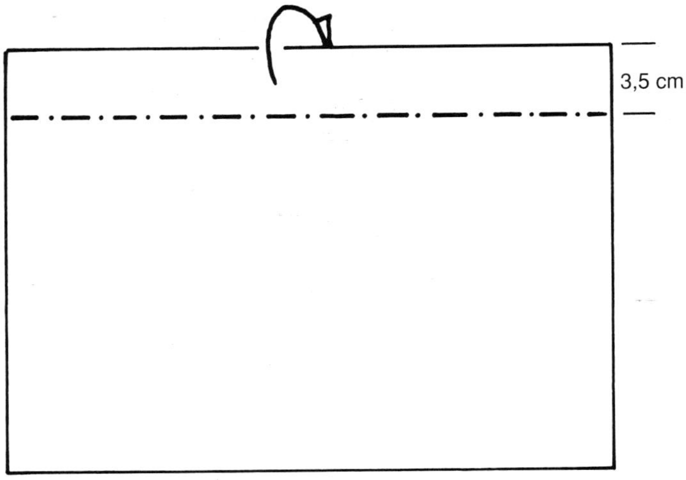

1 format initial A4 - plier derrière une bande de 3,5 cm environ

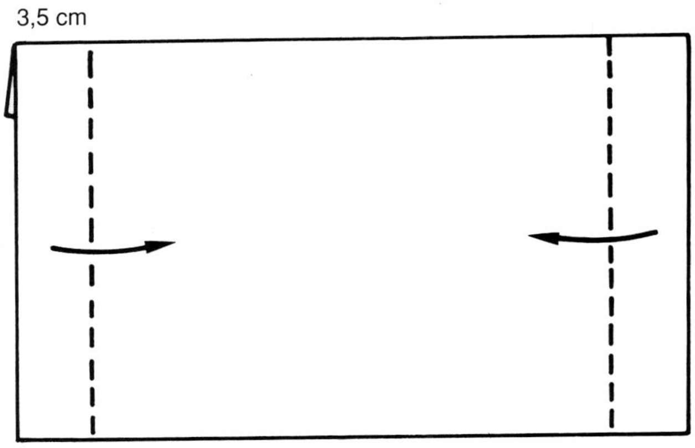

2 rabattre une bande de chaque côté de la même largeur que précédemment

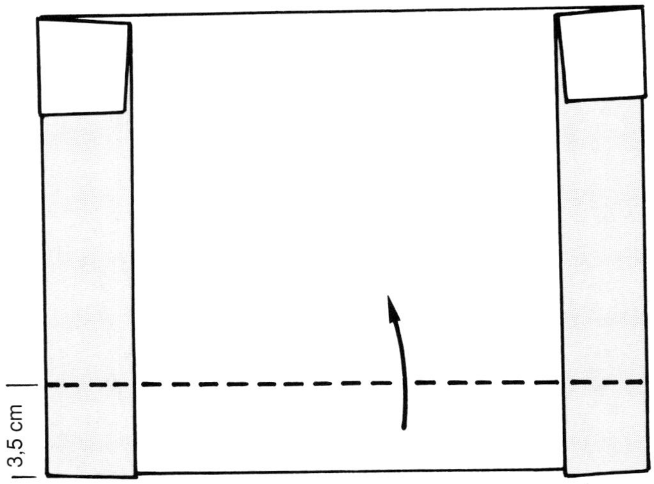

3 rabattre vers le haut une bande de 3,5 cm environ

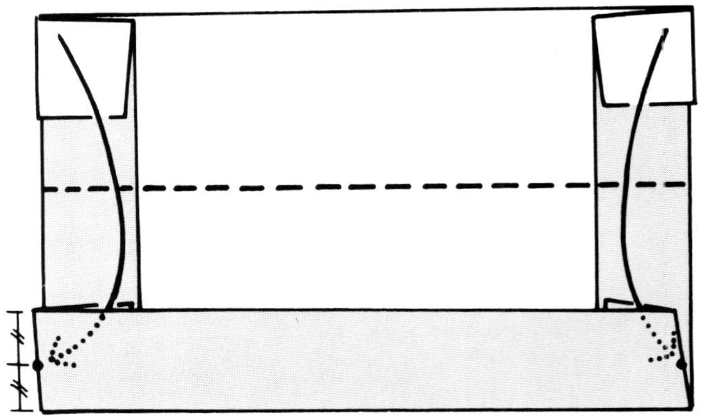

4 plier vers le bas en joignant les points à l'intérieur de chaque côté

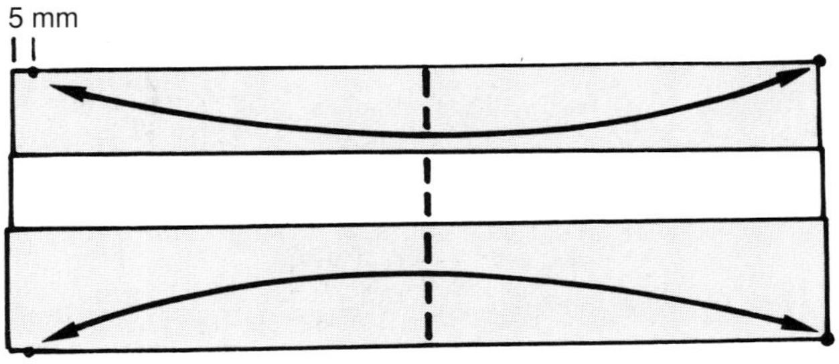

5 marquer le pli en rabattant le côté gauche vers la droite à 5 mm du bord environ

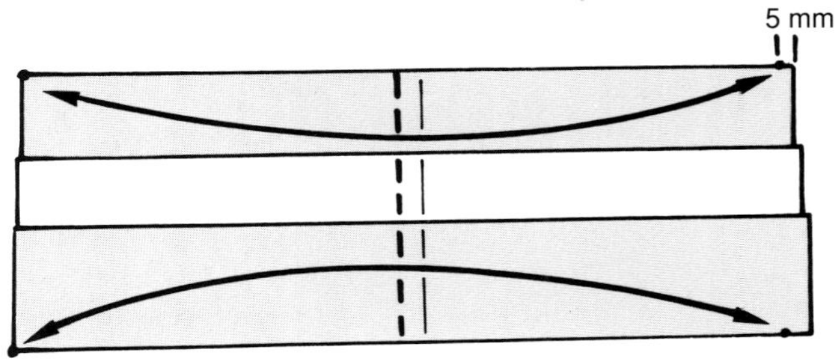

6 même opération de l'autre côté

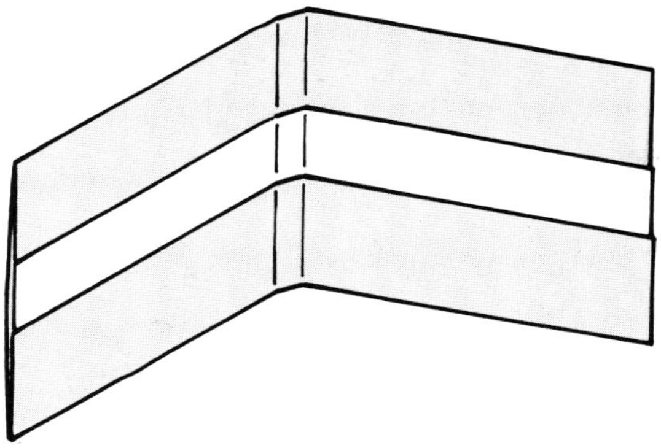

LES PETITS PAPIERS. Des papiers de toutes sortes arrivent dans nos poches chaque jour. Ce petit portefeuille improvisé vous permet de ranger un ticket de teinturier, un bordereau de banque, une liste de courses ou une carte de téléphone.

DESSOUS DE VERRE

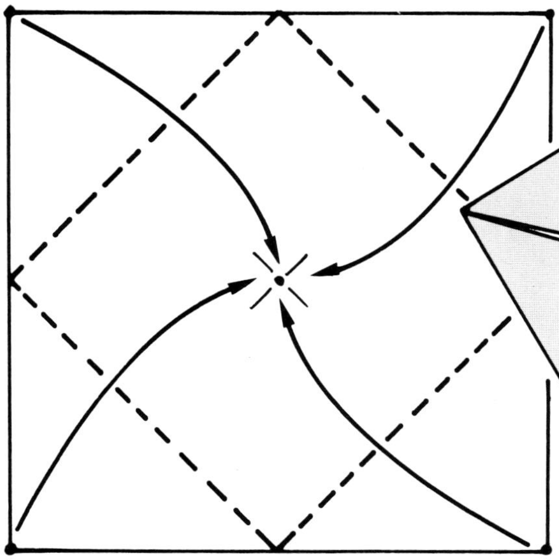

1 joindre les quatre coins au centre d'un carré de 21 cm de côté

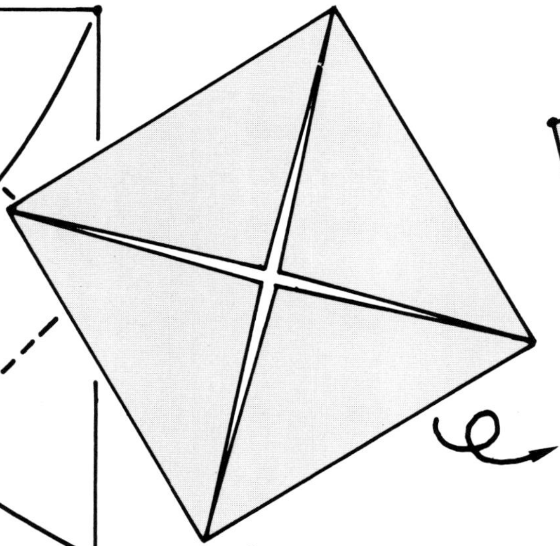

2 puis retourner

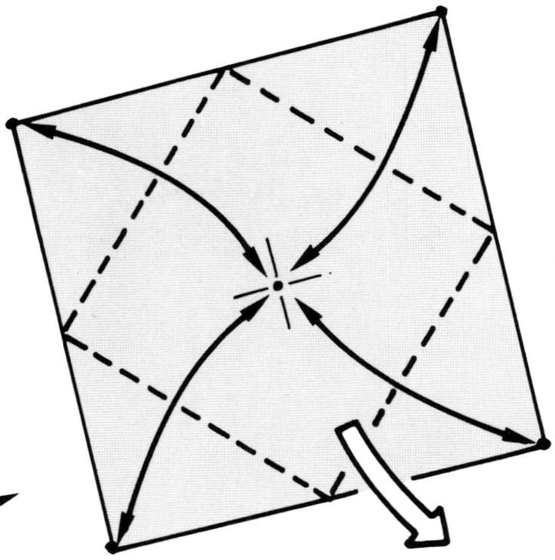

3 joindre de nouveaux les quatre coins au centre puis déplier complètement

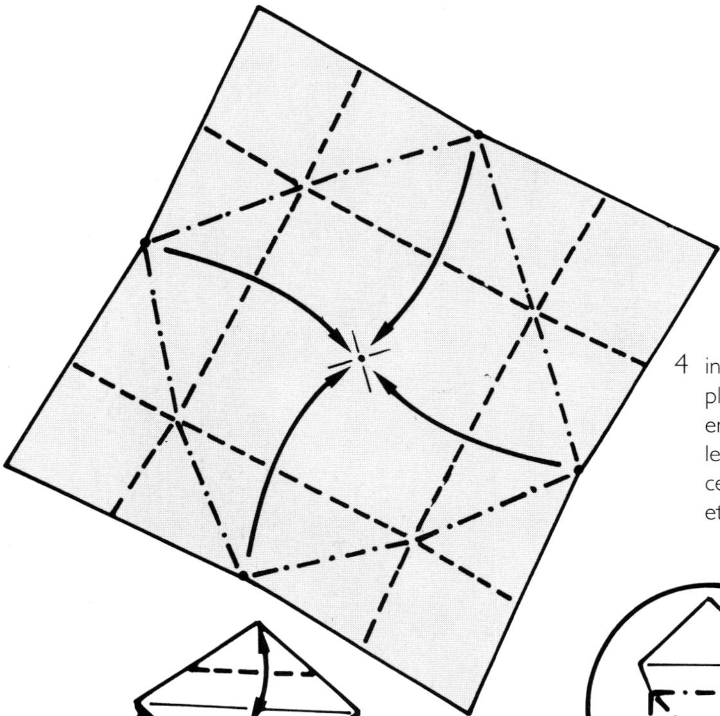

4 inverser certains plis puis plier en joignant les points au centre et mettre à plat

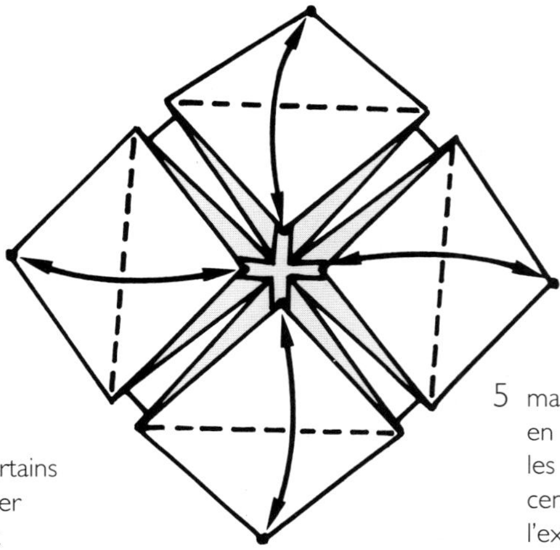

5 marquer les plis en rabattant les pointes centrales vers l'extérieur

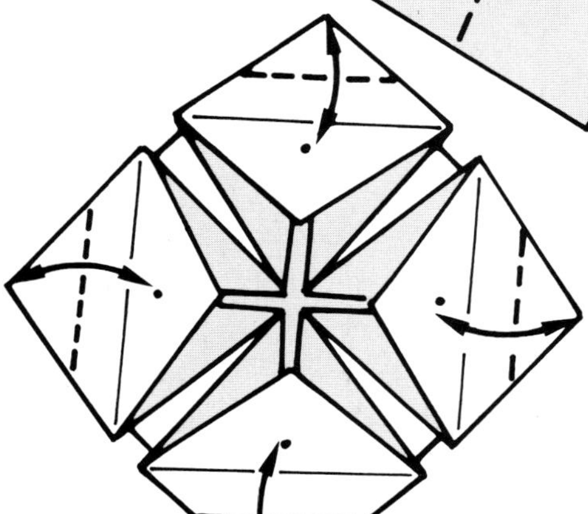

6 marquer les plis en remontant toutes les épaisseurs aux points marqués puis ouvrir et déplier chaque coin par l'intérieur

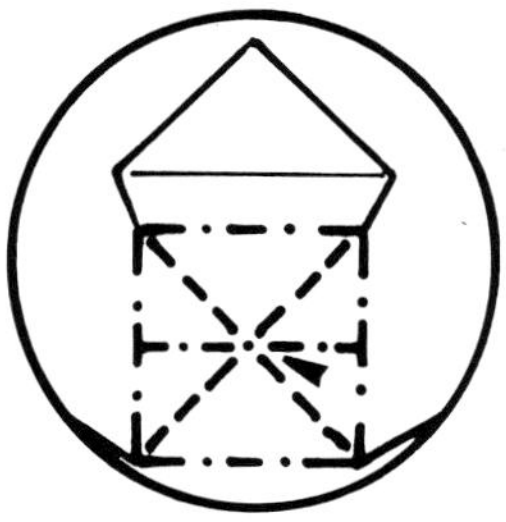

6 bis appuyer au centre du carré pour le mettre à plat (cf. bombe à eau p.5)

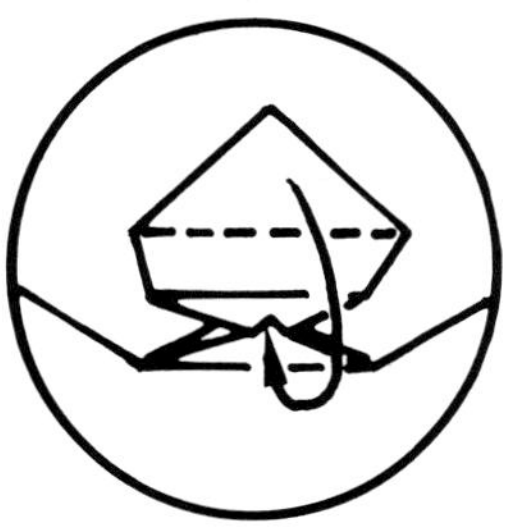

7 rentrer chaque coin à l'intérieur

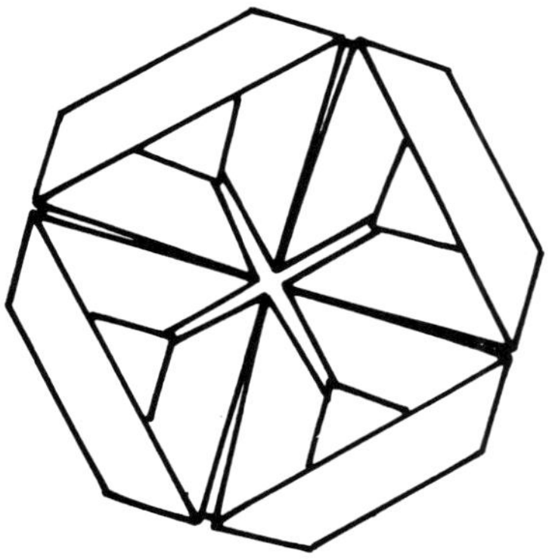

8 vous pouvez l'utiliser tel sinon l'ouvrir en arrondissant les côtés

L'ORANGEADE. Le soleil est au zénith; tout le monde a envie de se désaltérer : l'escargot grignote une feuille, une coccinelle fait de la balançoire et les enfants ont confectionné des dessous de verre, juste avant la baignade.

BOÎTE SUR PIED

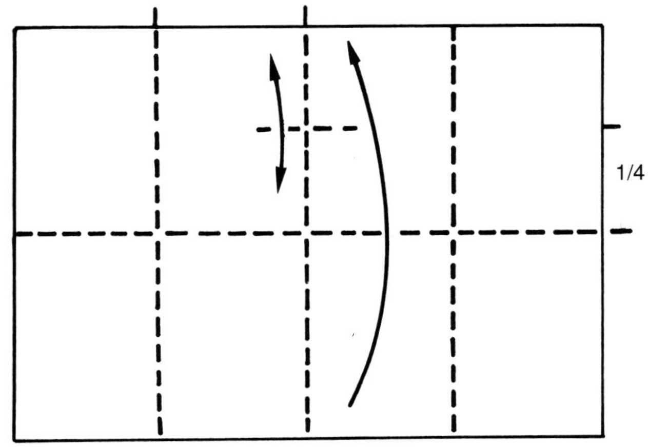

1 marquer les verticales d'une feuille A4 puis marquer le quart horizontal en haut et plier ensuite en deux vers le haut

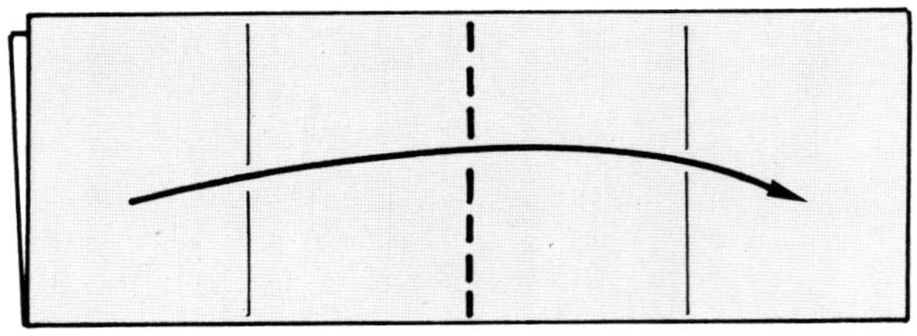

2 plier en deux vers la droite

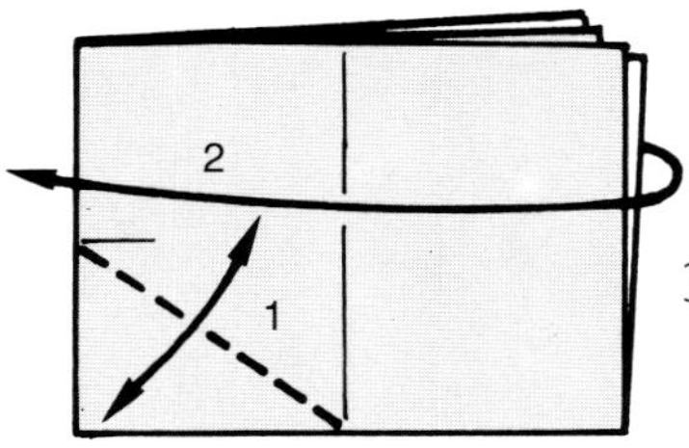

3 marquer le pli de l'angle gauche puis ouvrir comme en 2

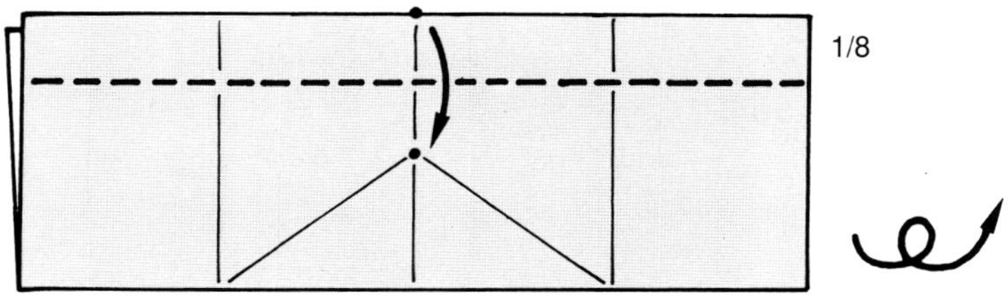

4 rabattre le huitième d'une épaisseur en joignant les points puis retourner

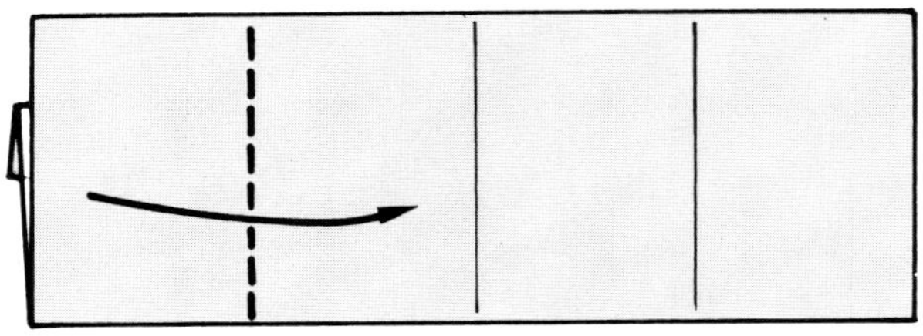

5 plier toutes les épaisseurs jusqu'au centre

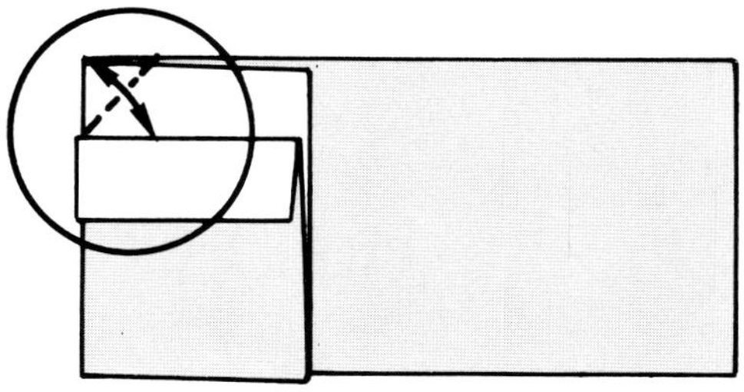

6 marquer l'angle du haut

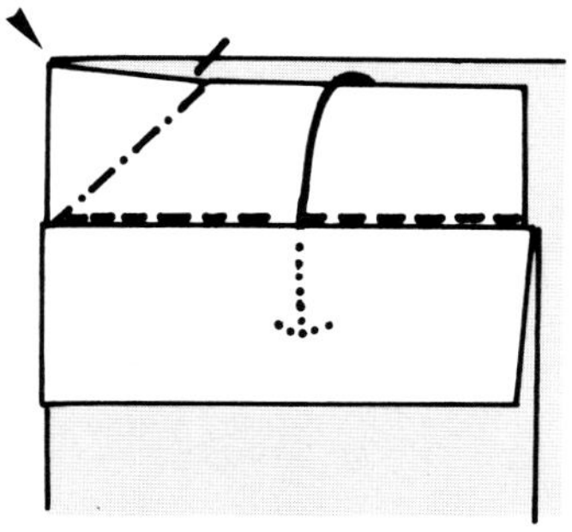

7 rabattre une épaisseur à l'intérieur en effectuant un pli inversé dans l'angle

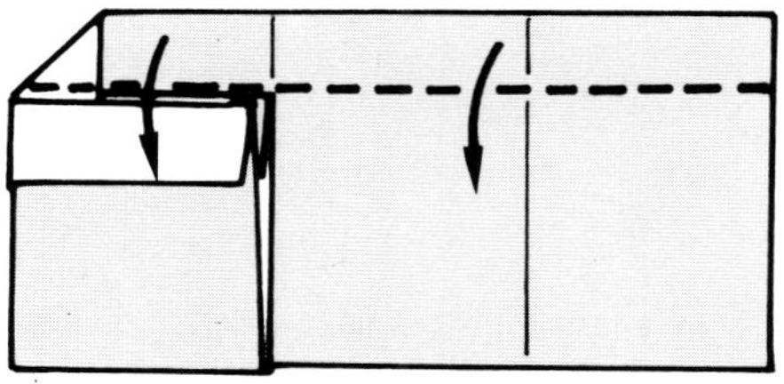

8 plier toute la bande par dessus puis retourner

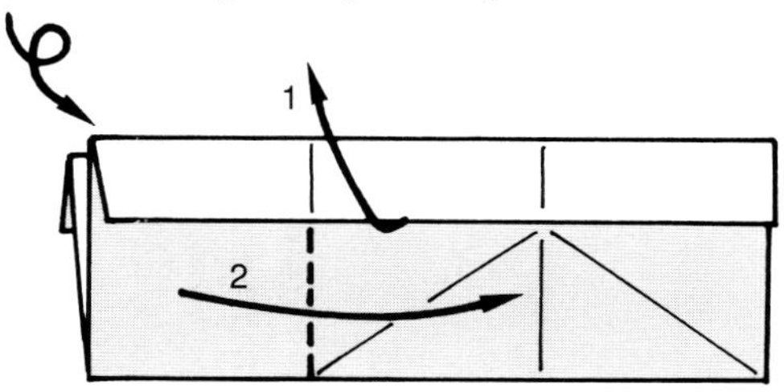

9 soulever la bande pour rabattre toutes les épaisseurs vers la droite

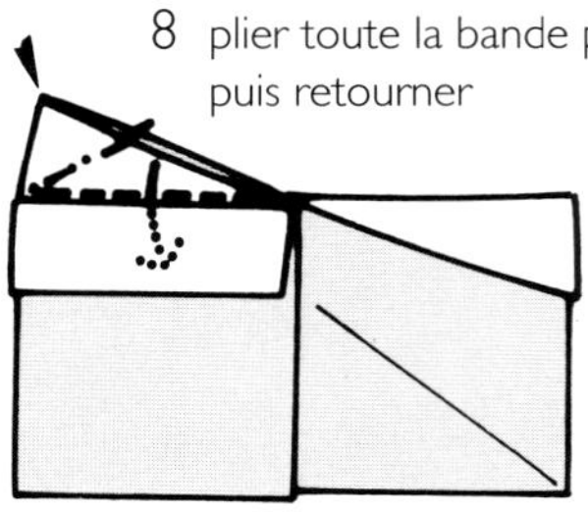

10 répéter les étapes 6, 7 et 8 dans l'angle du haut

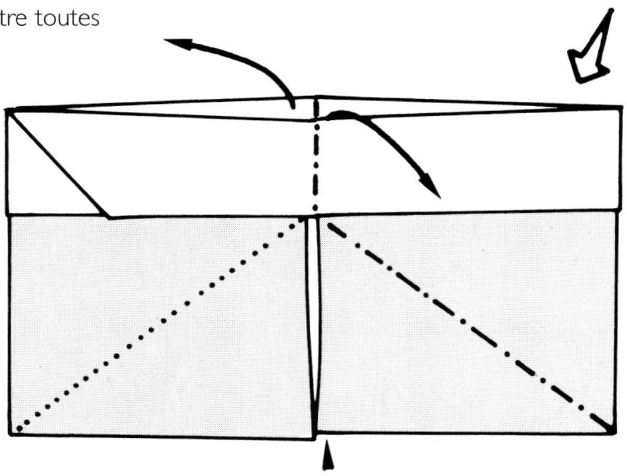

11 ouvrir le haut en poussant à la base pour faire apparaître un losange

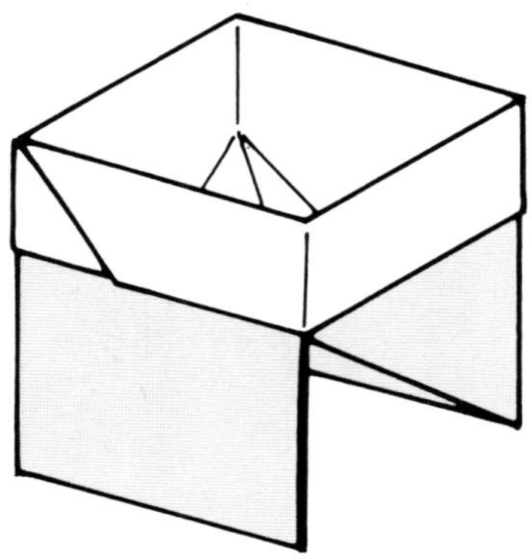

AU NATUREL. Ces boîtes se garnissent, au gré de l'imagination, de pétales de fleurs pour un pot-pourri ou de graines de toutes les couleurs pour décorer la maison.

COQUETIER

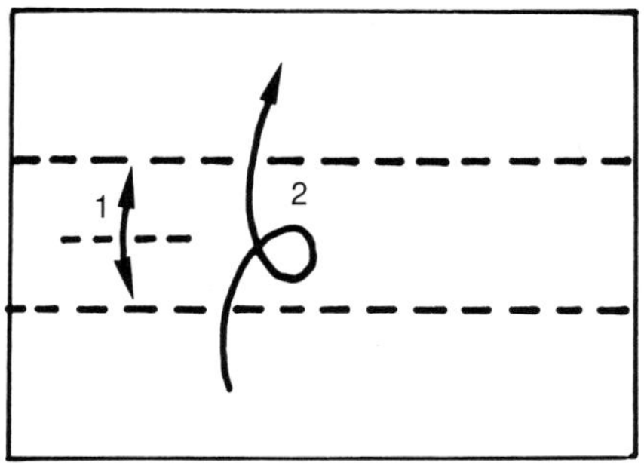

1 marquer le milieu d'une feuille A4 puis plier en trois en enroulant

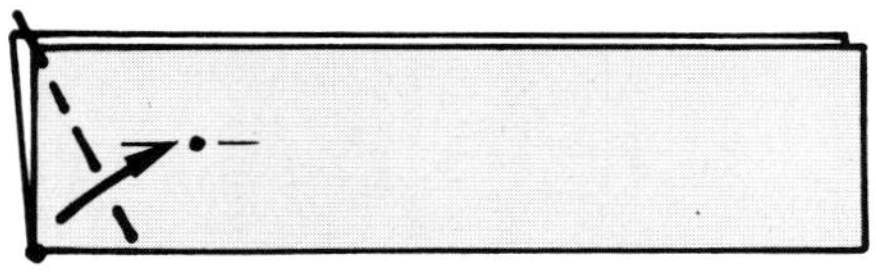

2 en partant de l'angle supérieur, joindre les points au centre

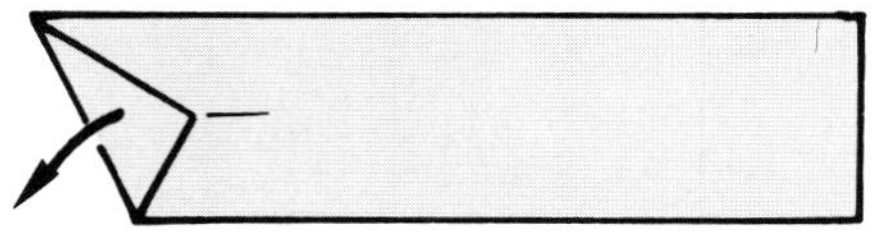

3 puis déplier

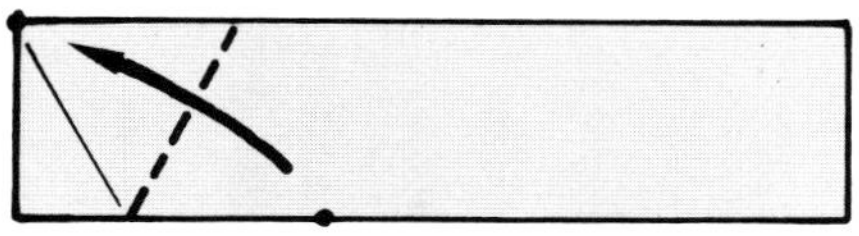

4 remonter la bande le long du pli marqué

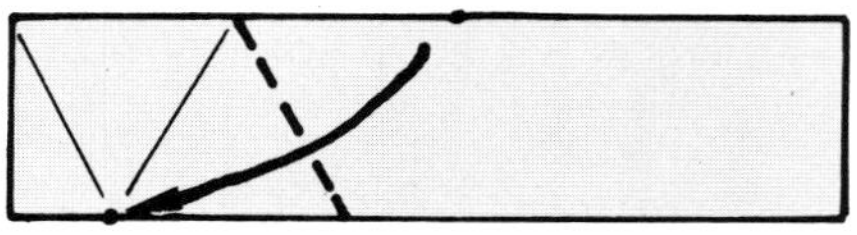

5 descendre la bande le long du dernier pli

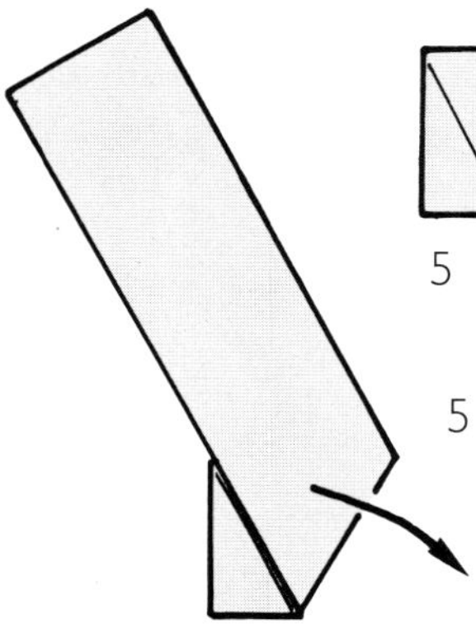

5 puis déplier

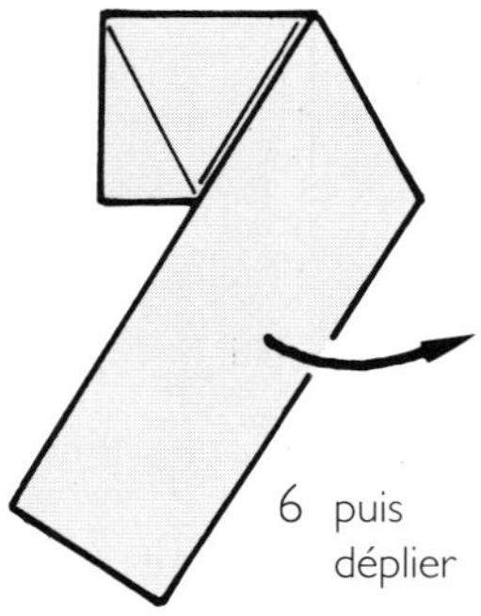

6 puis déplier

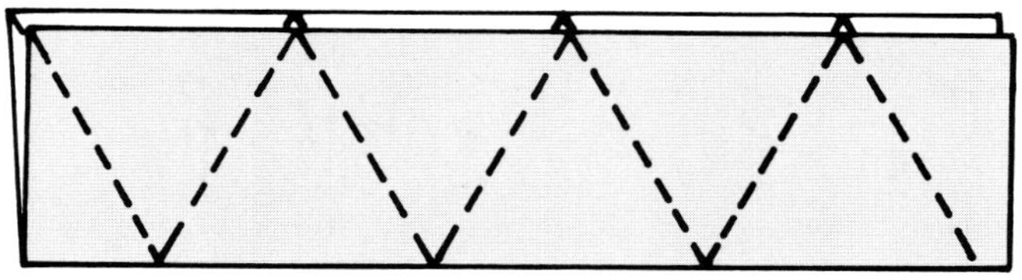

7 continuer jusqu'au bout puis retourner

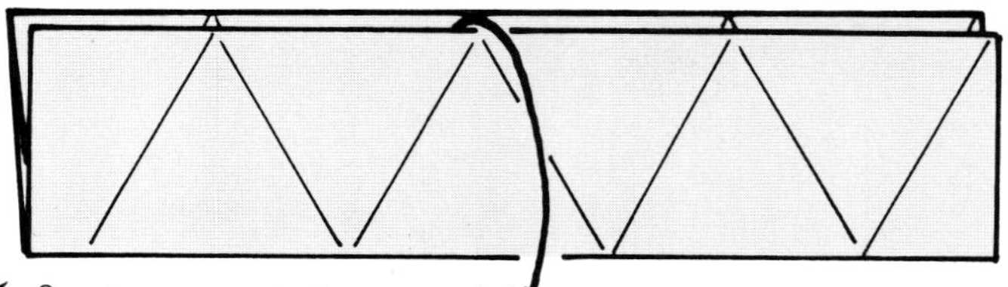

8 rabattre une épaisseur vers le bas

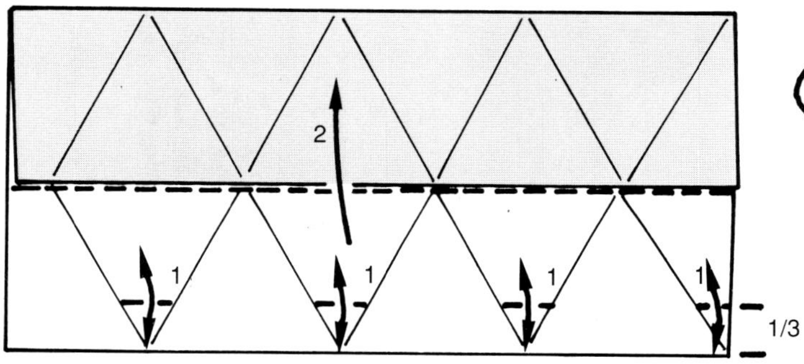

9 marquer un pli au tiers entre les triangles puis remonter la partie inférieure

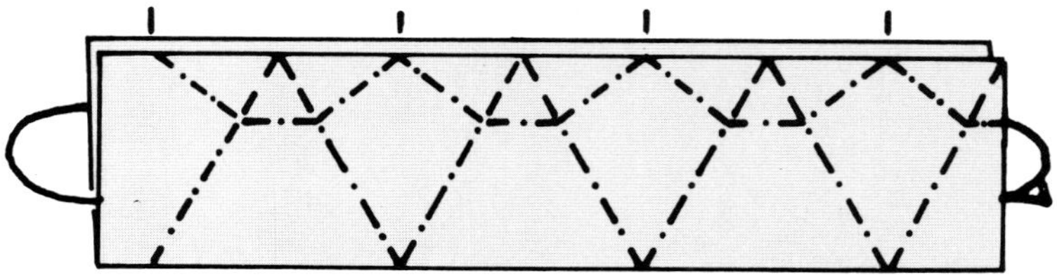

10 marquer les plis sur la partie supérieure sur toutes les épaisseurs puis enrouler la bande et emboîter les deux extrémités

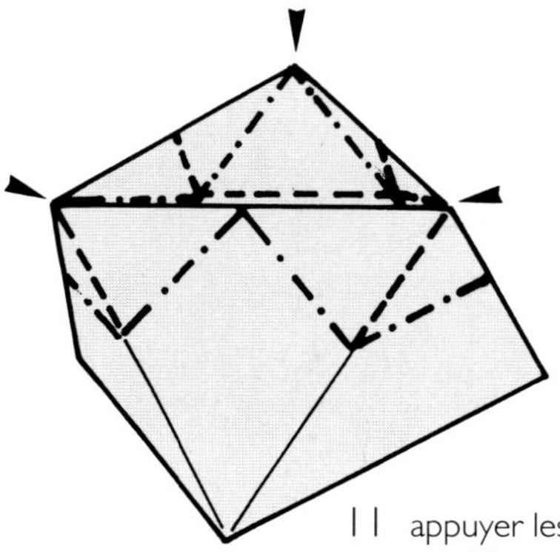

11 appuyer les trois pointes du triangle supérieur pour inverser les plis

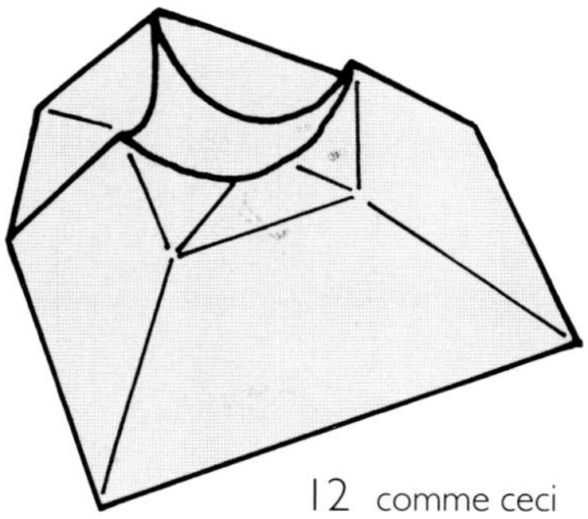

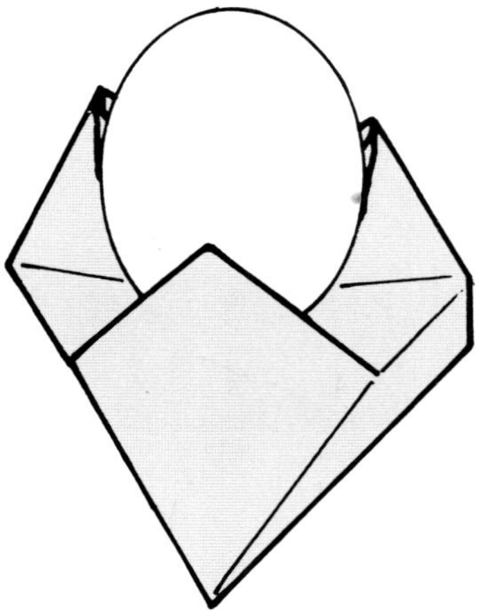

12 comme ceci puis poser votre œuf

L'Œuf ou la poule. Ce coquetier se réalise en trois minutes : juste le temps qu'il faut pour faire cuire un œuf à la coque. Il ramène à cette question toujours étonnante : qui a été le premier sur terre, l'œuf ou la poule? car pour faire un œuf il faut une poule et pour faire une poule il faut un œuf... À méditer en mangeant son œuf et bon appétit.

ENVELOPPE

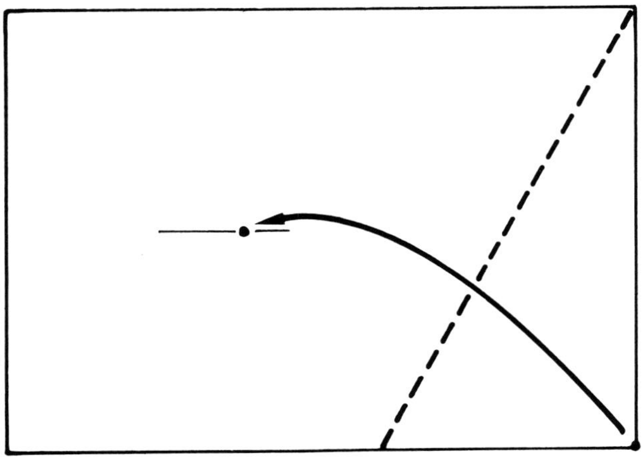

1 format initial A4 - en partant de l'angle supérieur droit, joindre la ligne centrale

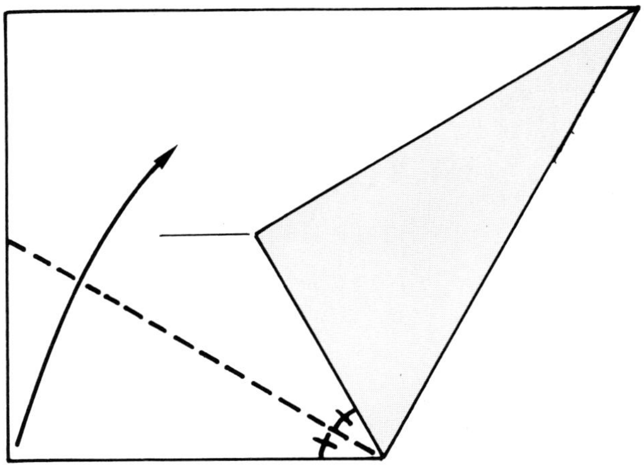

2 remonter la partie gauche le long du bord plié

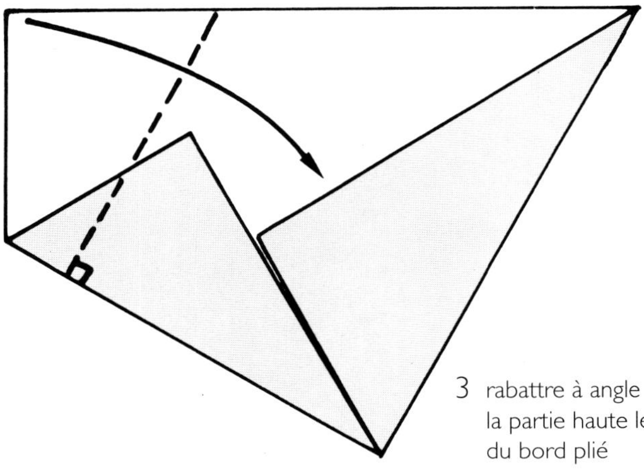

3 rabattre à angle droit la partie haute le long du bord plié

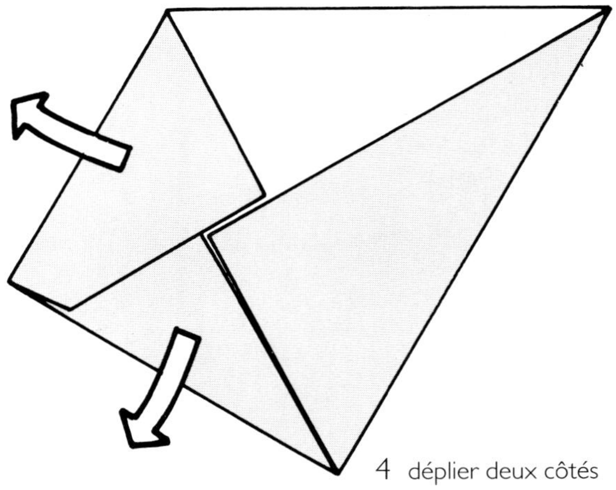

4 déplier deux côtés

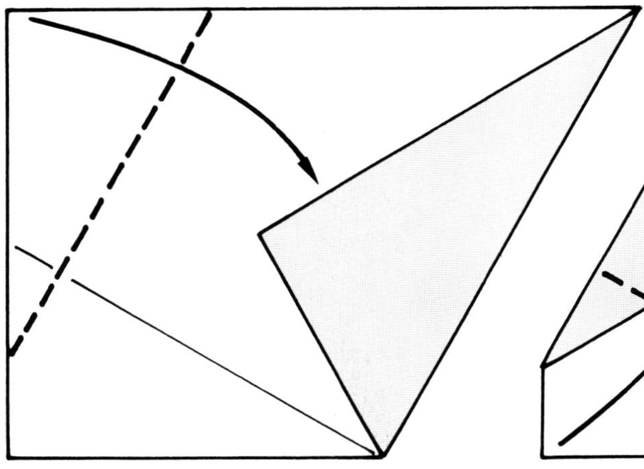

5 replier la partie haute

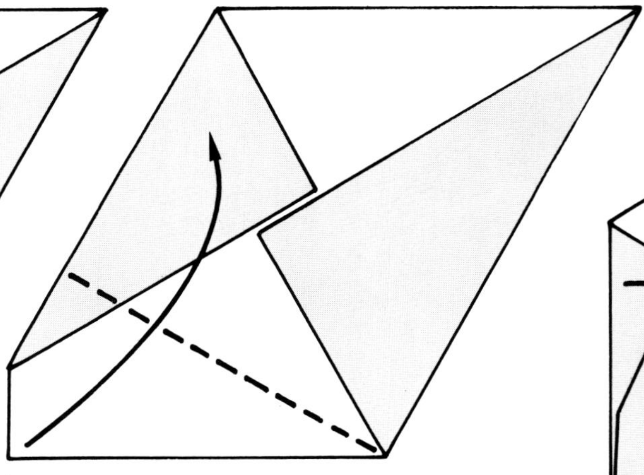

6 puis la partie basse

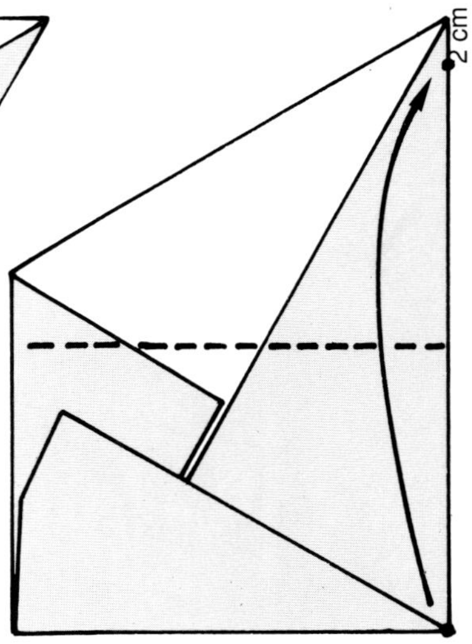

7 remonter l'ensemble en joignant les points

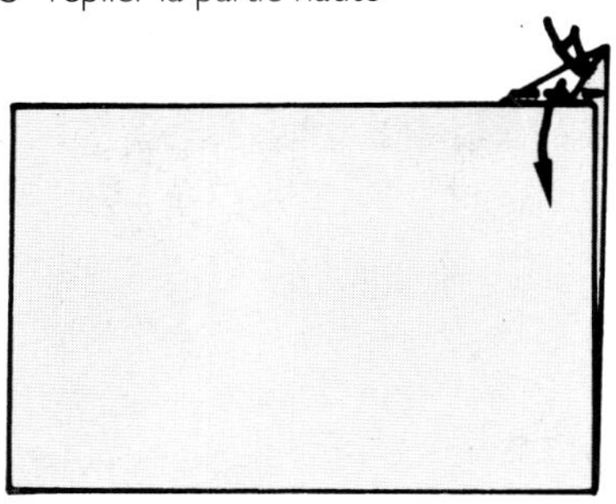

8 en rabattant la pointe, glisser le coin entre les deux épaisseurs

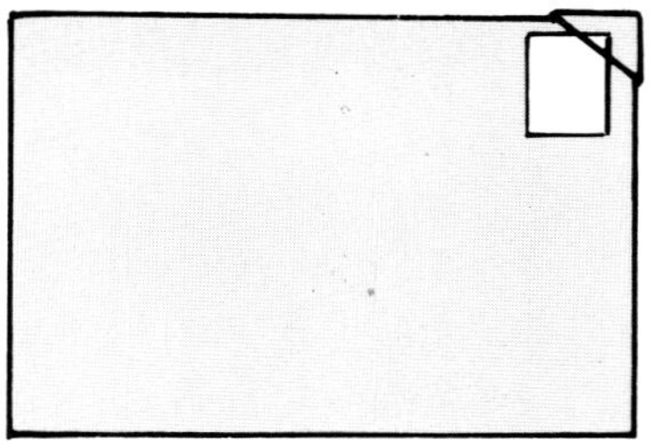

9 sceller cette lettre par un cachet de cire ou un timbre

UN PLI. Recevoir et envoyer une lettre qui sort de l'ordinaire est toujours agréable. Il suffit pour cela d'y ajouter une touche personnelle. On peut y glisser une carte postale ou écrire directement sur la feuille avant de la plier.

RÉCIPIENT

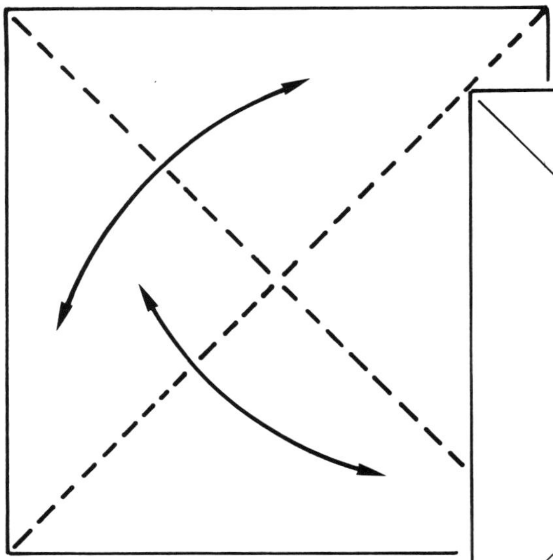

1 marquer les diagonales d'un carré de 20 cm de côté environ

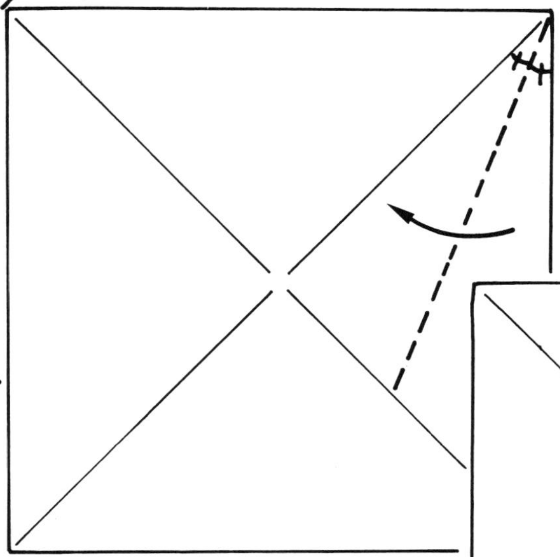

2 plier l'angle en deux, sans marquer l'extrémité

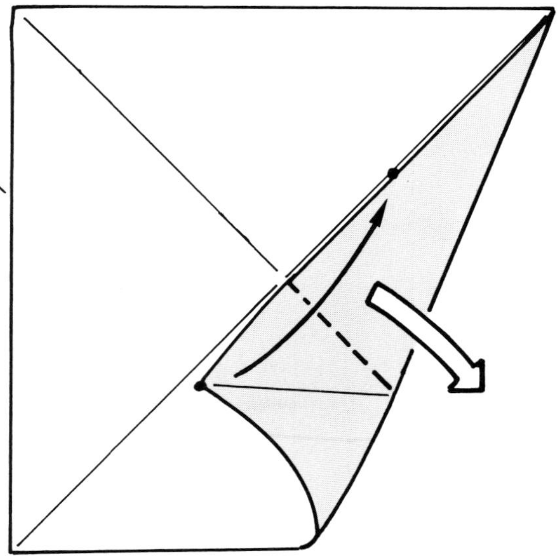

3 puis rabattre la pointe le long de la diagonale, marquer uniquement le pli intérieur puis déplier

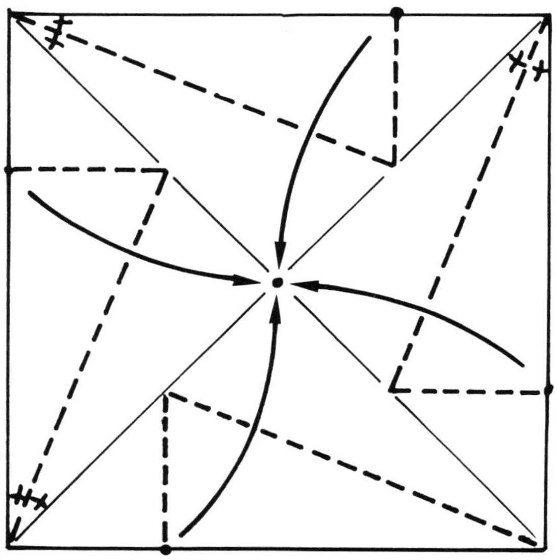

4 répéter les étapes 2 et 3 sur les trois autres côtés puis plier chaque côté comme en 3

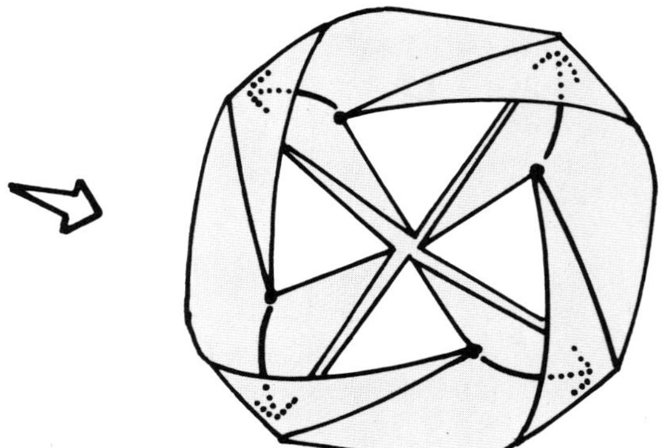

5 placer les pointes à l'intérieur

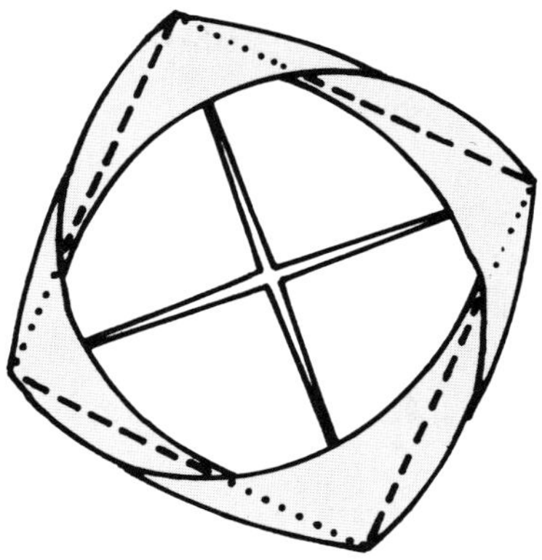

6 marquer le fond en carré, on obtient un sous-verre ou une boîte

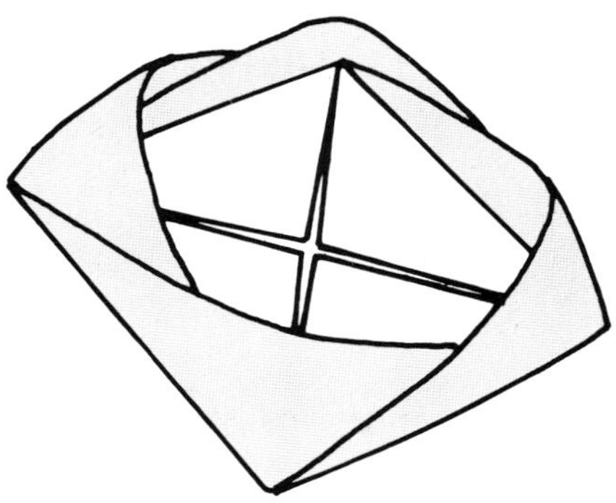

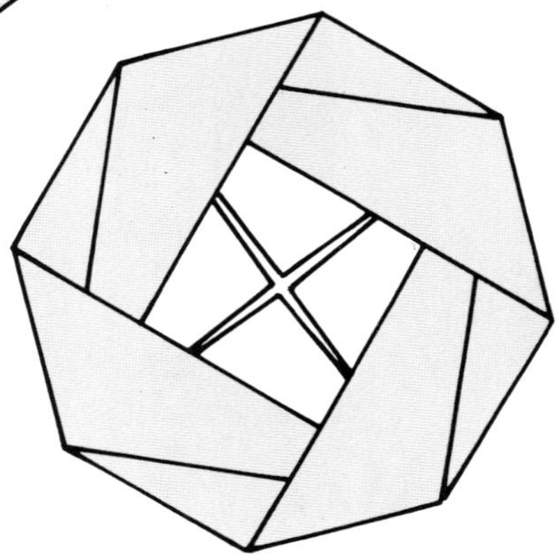

ce pliage peut devenir dessous de verre lorsque tout est mis à plat

UN ZESTE. Tout est prêt pour les rafraîchissements. Des rondelles de citron sont posées délicatement sur les verres, les cacahuètes attendent sagement dans leurs récipients, c'est le moment de porter un toast à la belle journée qui s'annonce.

POCHETTE

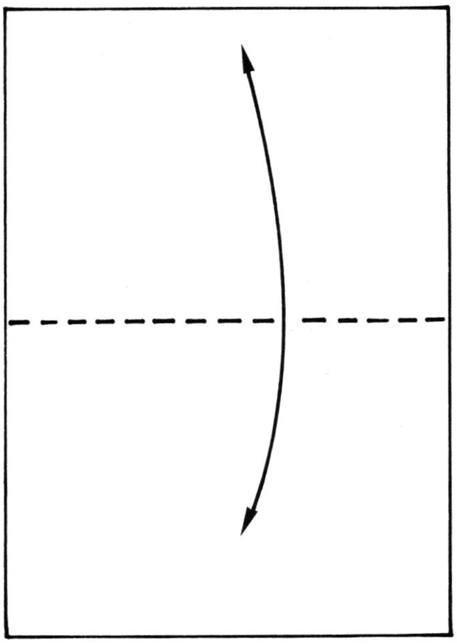

1 marquer le milieu d'une feuille A4

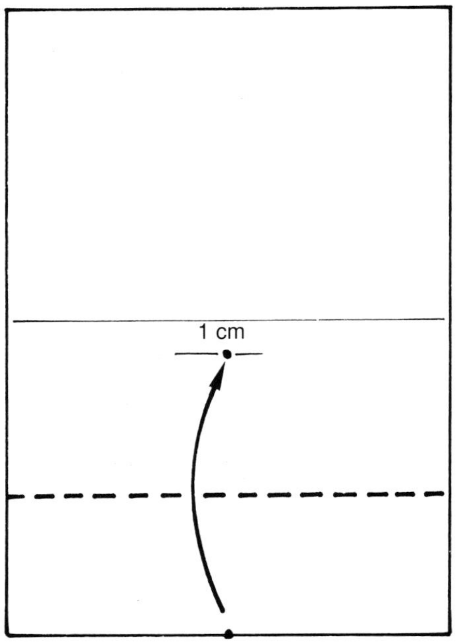

2 rabattre en laissant 1 cm environ

3 puis retourner

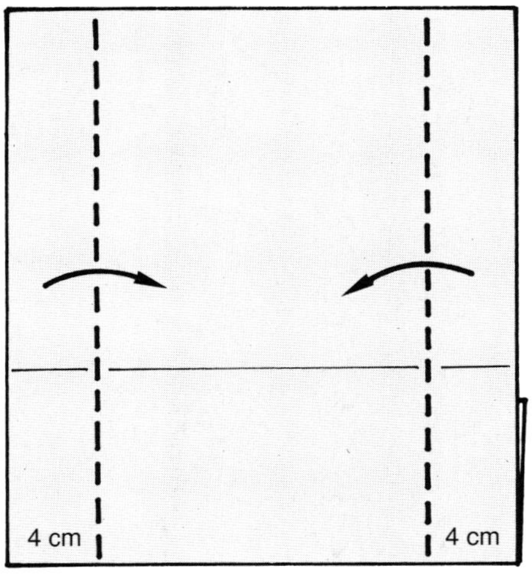

4 plier une bande de chaque côté d'environ 4 cm

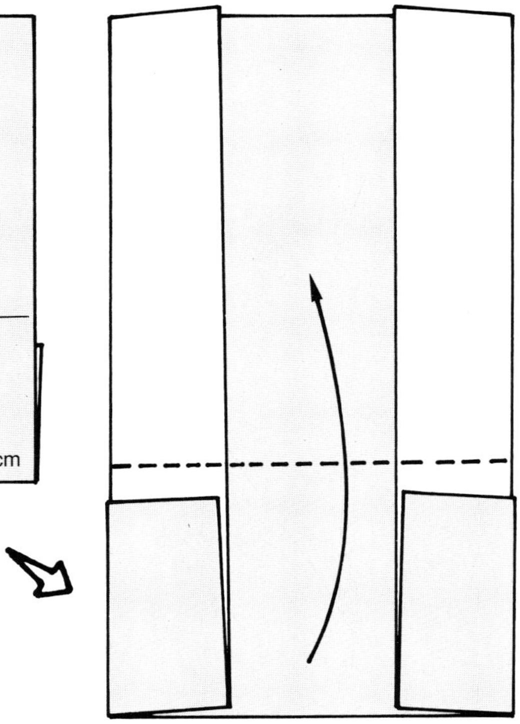

5 remonter l'ensemble selon le pli central

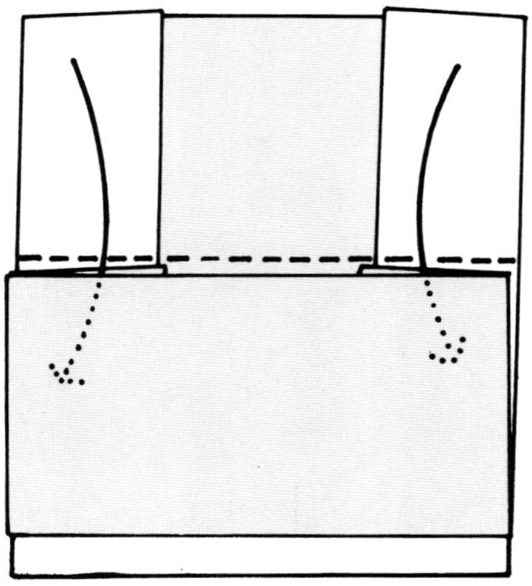

6 rabattre le haut en glissant l'ensemble à l'intérieur puis le tourner à 180°

VOS PAPIERS. La pochette s'avérera indispensable pour ranger vos petits papiers, un carnet de timbres, des tickets de transport ou des photos.

EMBALLAGE

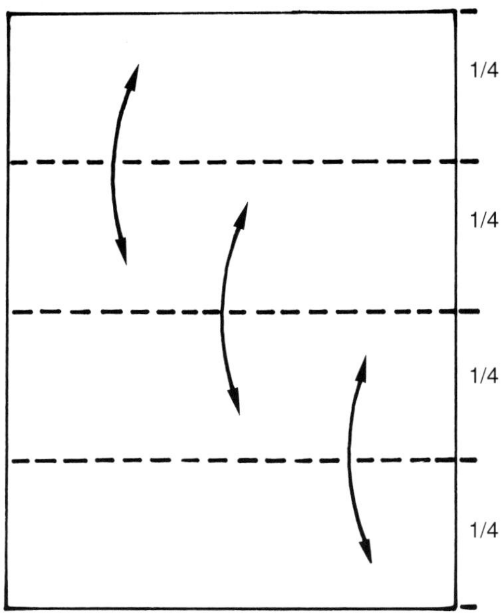

1 format initial 3 x 4 (21 cm x 28 cm)-
marquer les plis sur la moitié

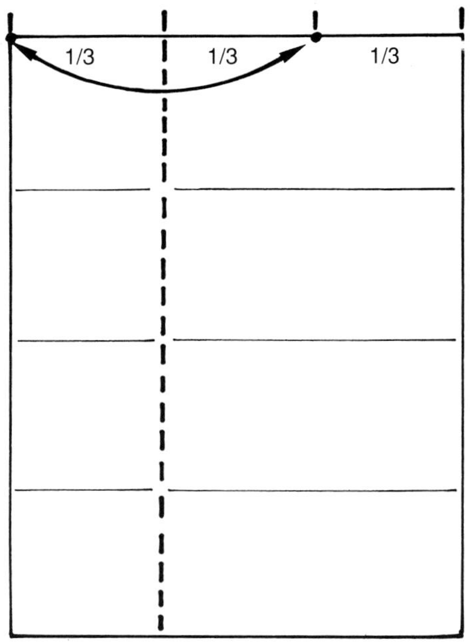

2 plier le battant de gauche au tiers (voir p. 5)

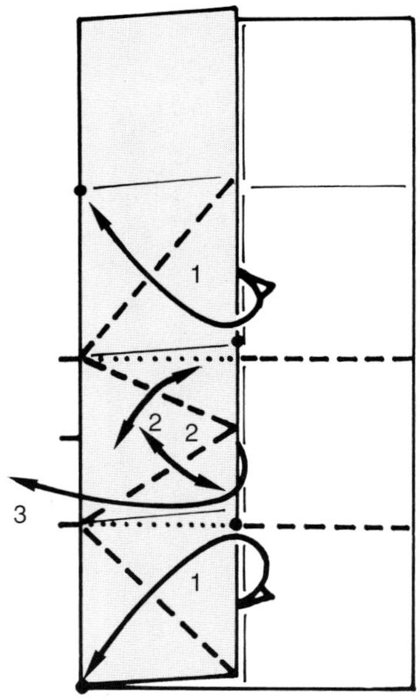

3 marquer les diagonales des
deux carrés puis marquer
les plis du carré intermédiaire
en joignant le milieu du côté
du carré puis ouvrir

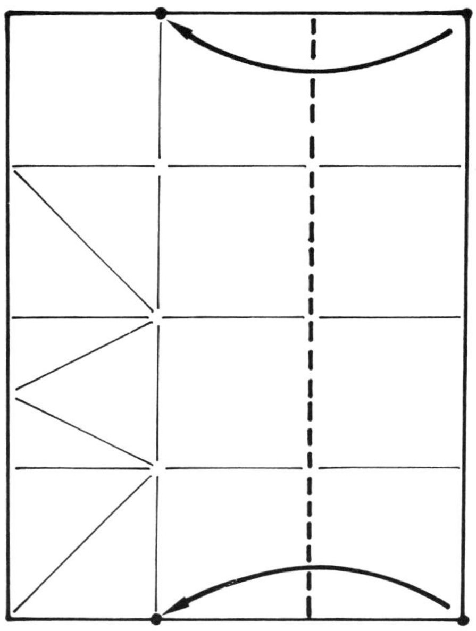

4 rabattre le côté droit en joignant les points

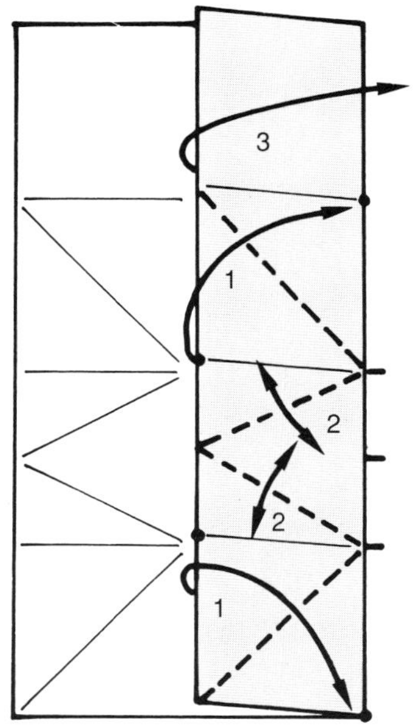

5 exécuter les mêmes plis
qu'à l'étape 3 puis ouvrir

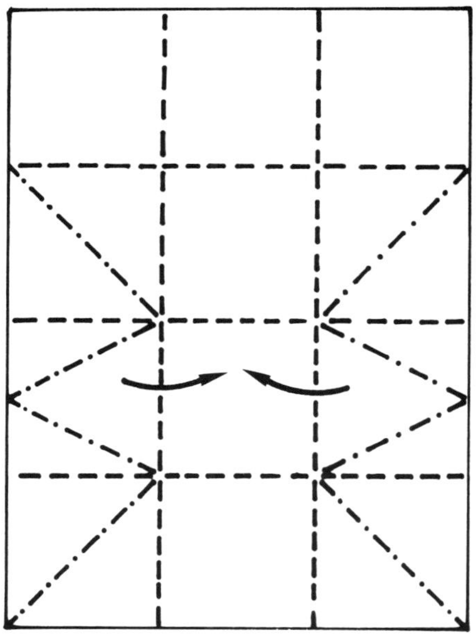

6 plier d'abord les deux verticales puis
mettre les côtés dans leurs plis

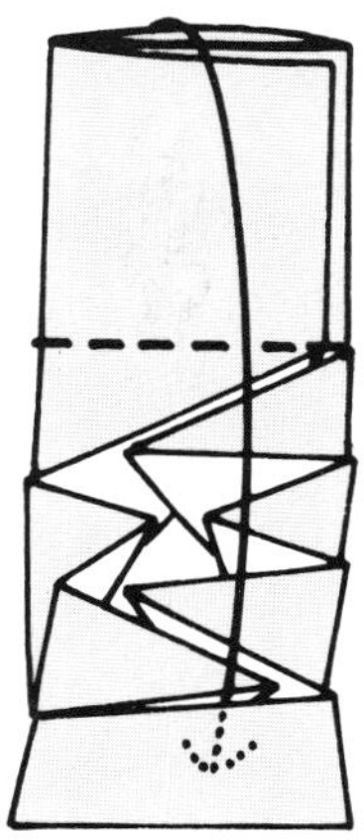

7 mettre en volume
et glisser la partie
supérieure
à l'intérieur

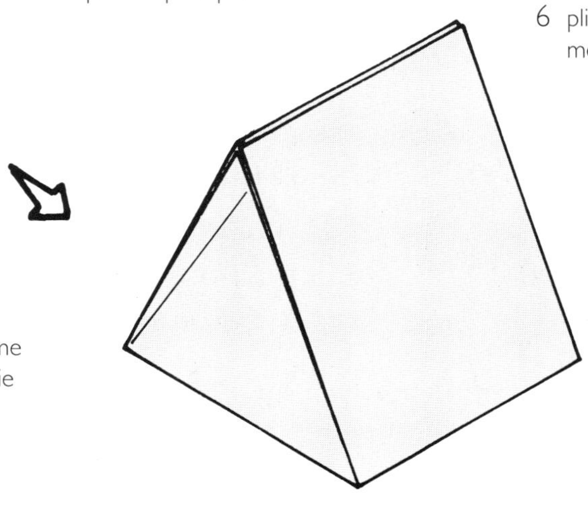

AUX CHAMPS. Déclinées dans plusieurs coloris, ces drôles de petites boîtes n'attendent plus qu'on veuille bien les remplir de mille trésors merveilleux.

NÉCESSAIRE À COUTURE

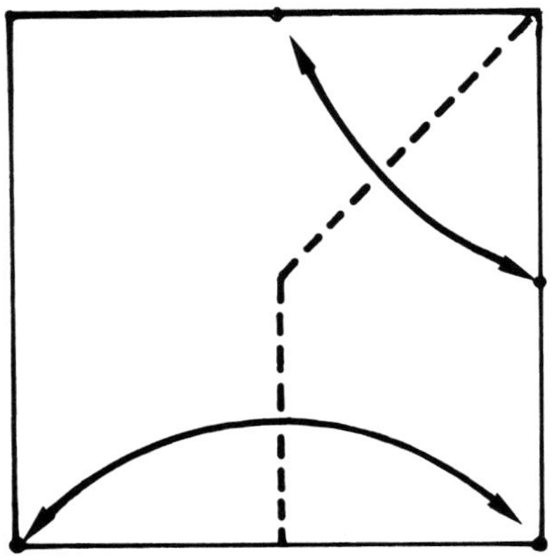

1 marquer une demi-diagonale et une demi-médiane

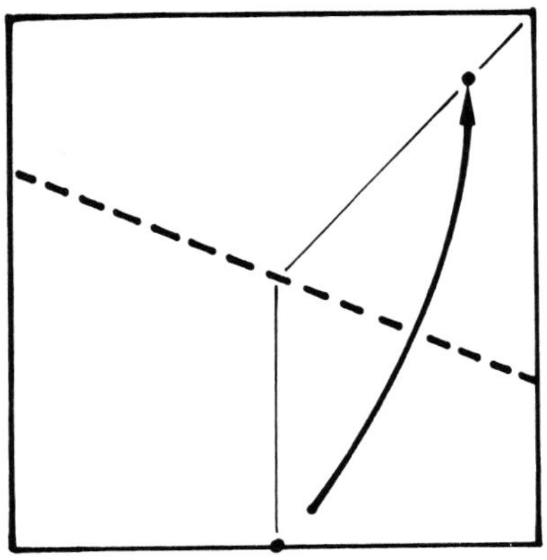

2 faire coïncider les deux plis marqués en tenant le point central d'un doigt

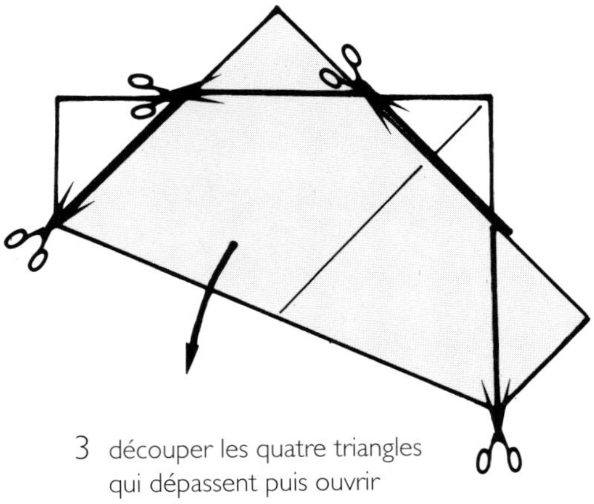

3 découper les quatre triangles qui dépassent puis ouvrir

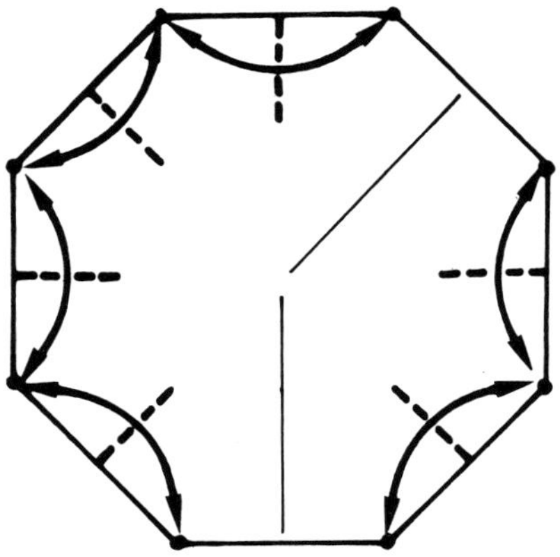

4 marquer le milieu des côtés en joignant les points

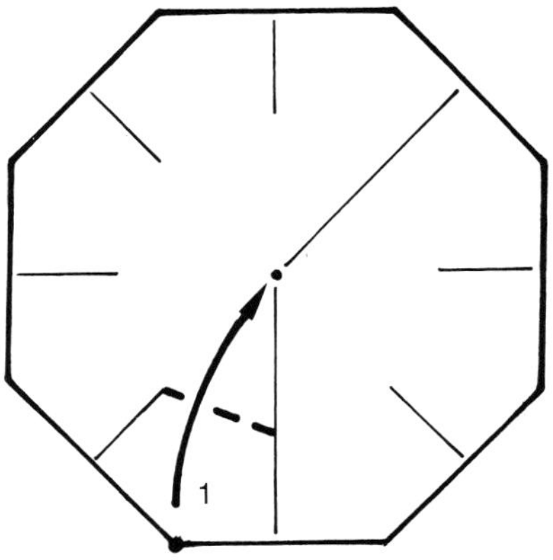

5 joindre la première pointe au centre entre les deux plis marqués

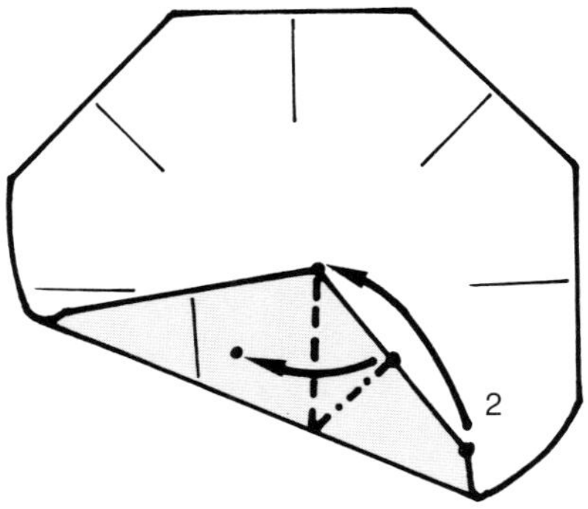

6 en joignant la deuxième pointe au centre, faire un pli «vallée» et marquer la base comme en 5

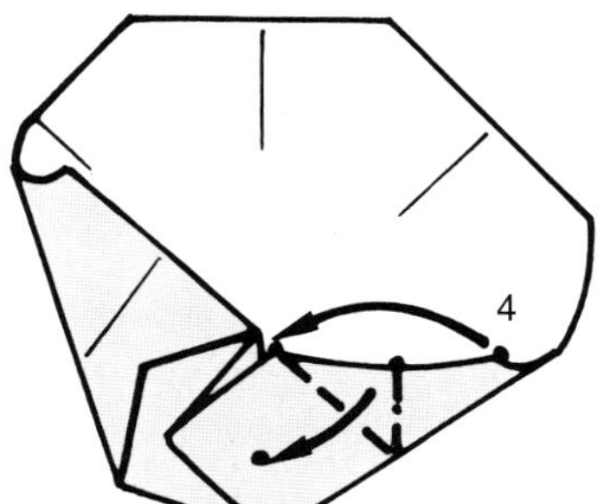

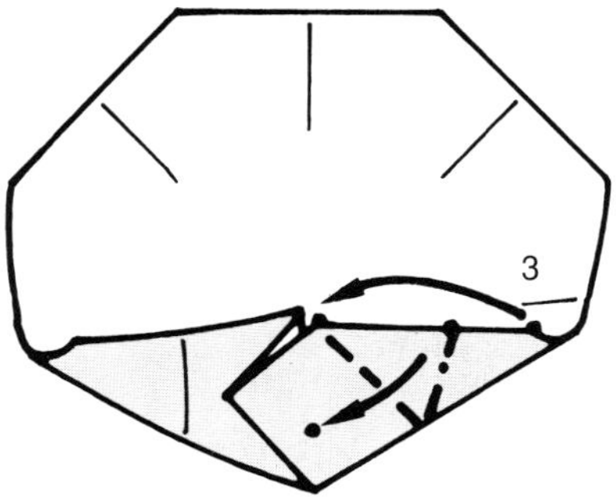

7 joindre la troisième pointe au centre en marquant un pli «vallée» pour former le repli et marquer la base comme en 5

8 pour la quatrième pointe et les suivantes, procéder de la même façon jusqu'à la dernière pointe à plier en ouvrant les premiers plis

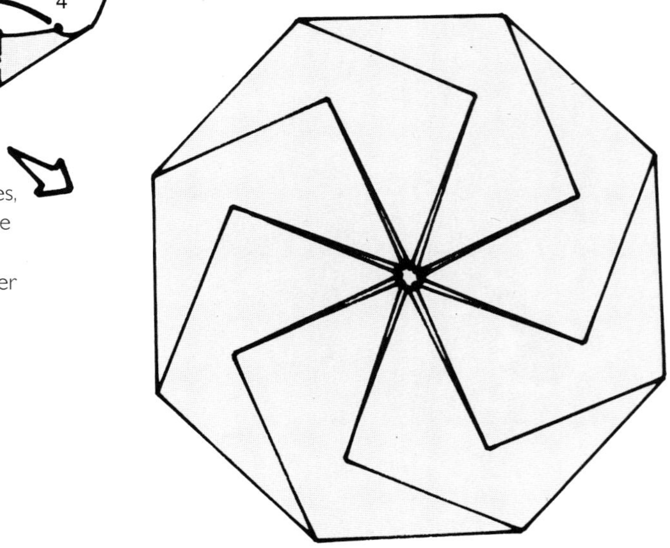

DE FIL EN AIGUILLE. Ce modèle, comme l'enveloppe traditionnelle japonaise appelée «tato», contient du fil, des aiguilles : tout le nécessaire pour recoudre un bouton.

DOSSIER

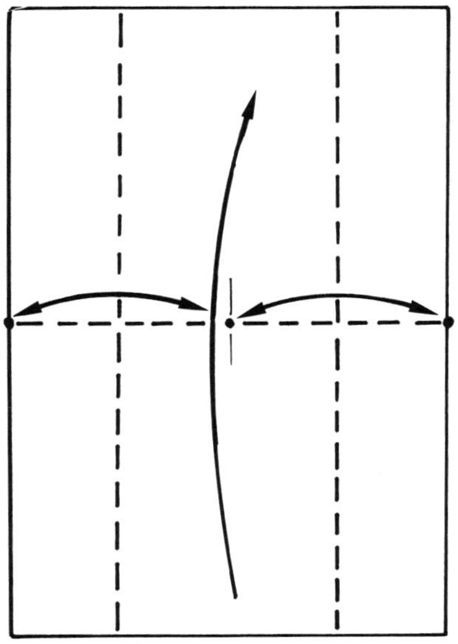

1 format initial 70 cm x 100 cm - marquer les plis verticaux en joignant le centre puis plier en deux vers le haut

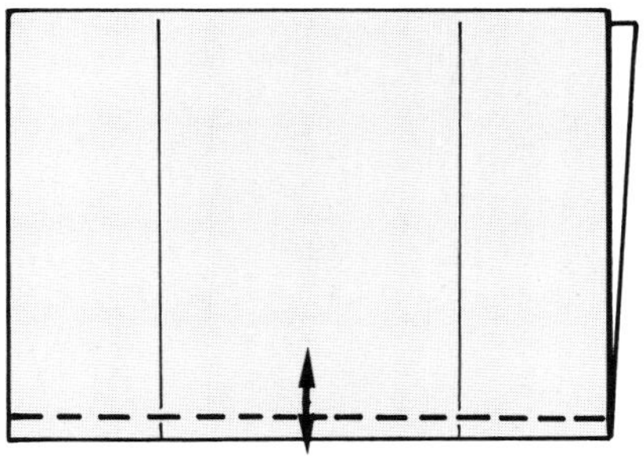

2 marquer par un pli une bande d'environ 2 cm

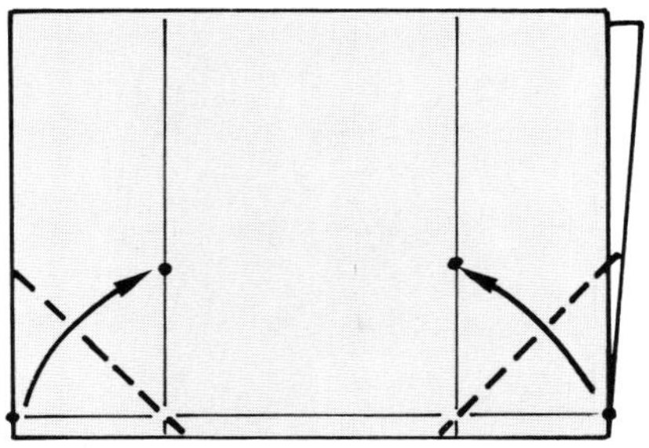

3 plier les angles en joignant les points comme indiqué

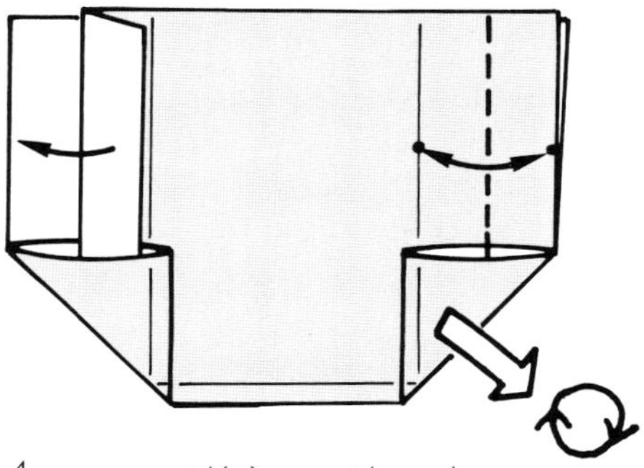

4 en ouvrant légèrement la poche, rabattre un feuillet en joignant les points comme à gauche puis déplier complètement en tournant la feuille de 180°

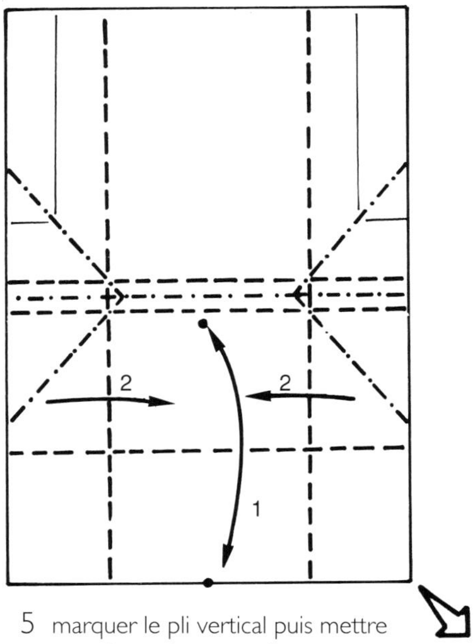

5 marquer le pli vertical puis mettre en volume dans ses plis

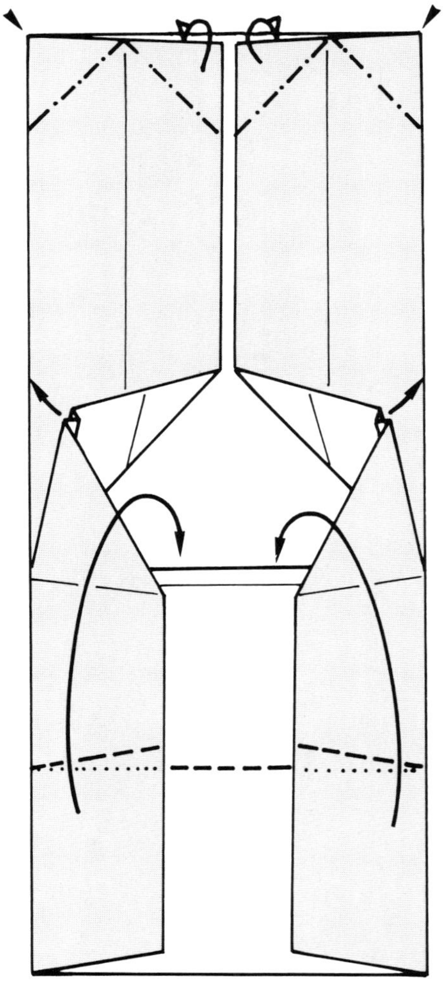

6 rentrer les coins du haut puis rabattre la partie basse à l'intérieur

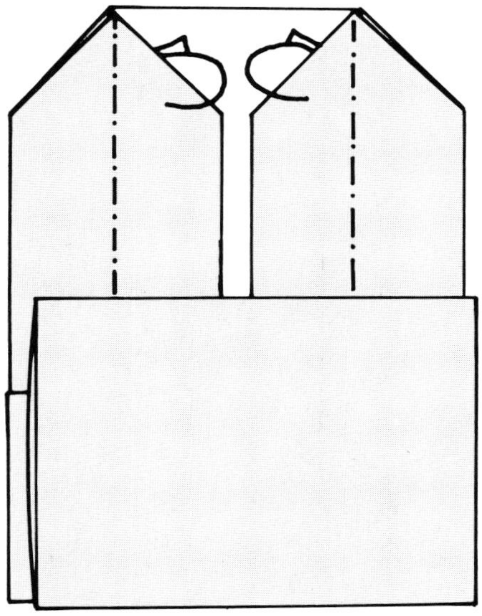

7 rentrer les côtés supérieurs en bloquant les plis inversés des coins

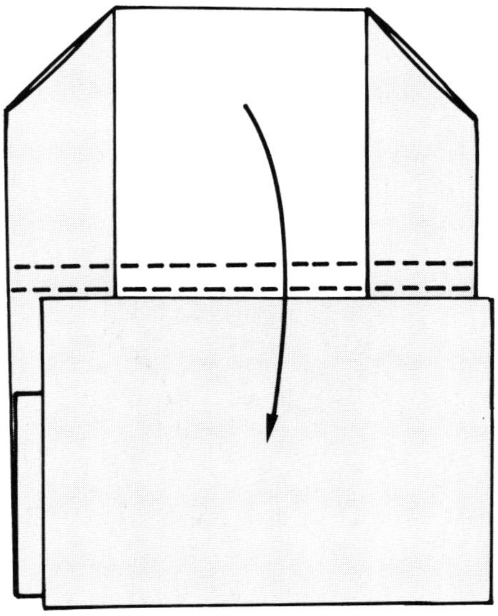

8 plier le rabat en laissant une épaisseur de 4 cm environ

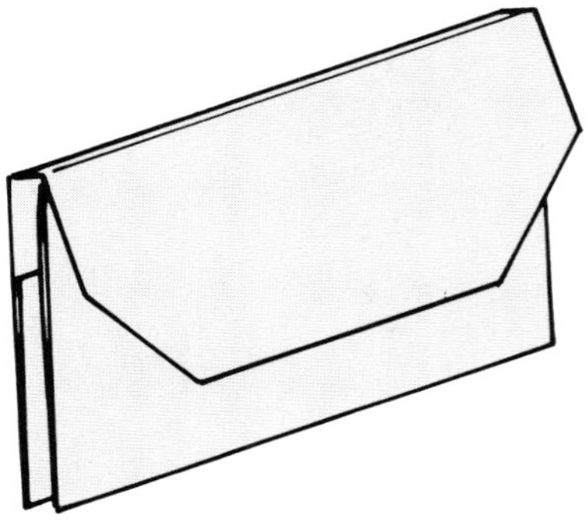

DES DOCUMENTS. Toutes ces photocopies, ces coupures de journaux, ces photos ont besoin d'être classées dans des dossiers. En les réalisant vous-même, vous pourrez choisir la couleur et la texture des papiers qui vous plaisent, ou même un plus petit format.

CADRE PHOTO

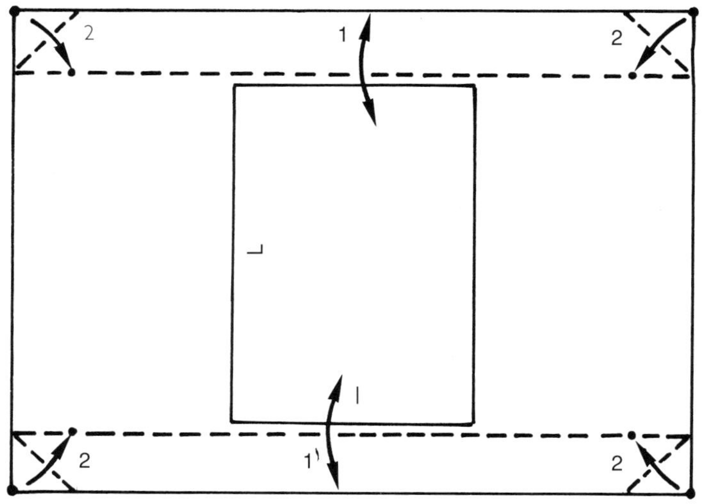

1 la dimension du papier est de : L + 4 cm, (2 x l) + 4 cm, placer la photo au centre, marquer les bordures puis plier les quatre coins.

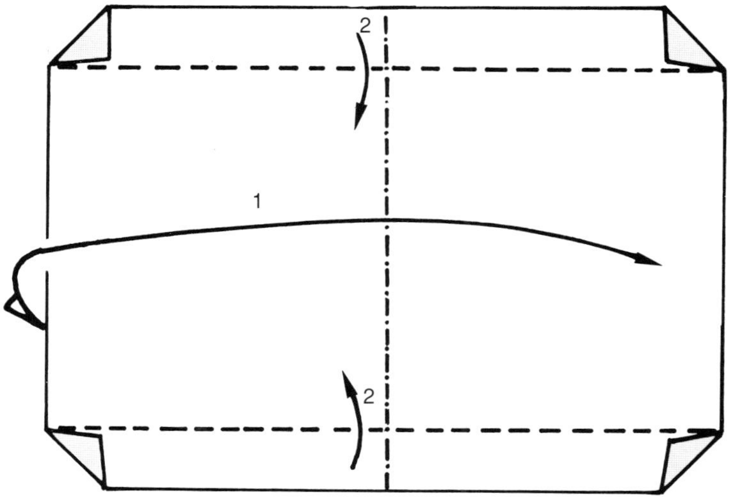

2 marquer le milieu en pli «montagne» puis replier les bordures

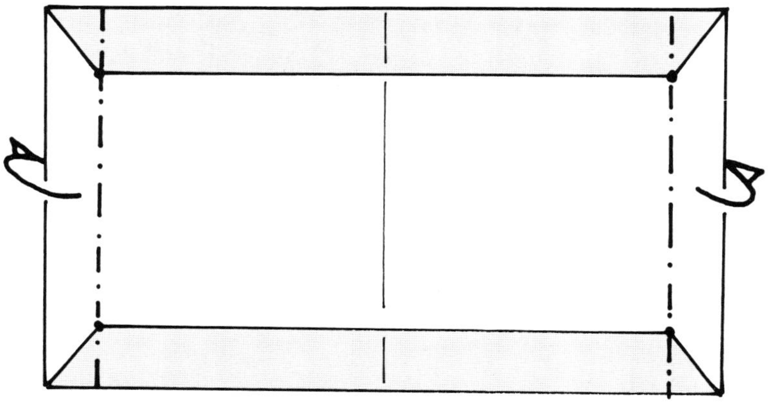

3 rabattre les deux côtés derrière puis retourner

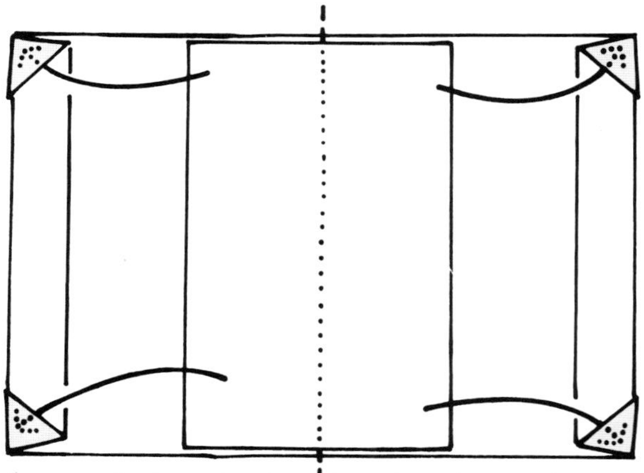

4 rentrer la photo dans les angles puis mettre en volume

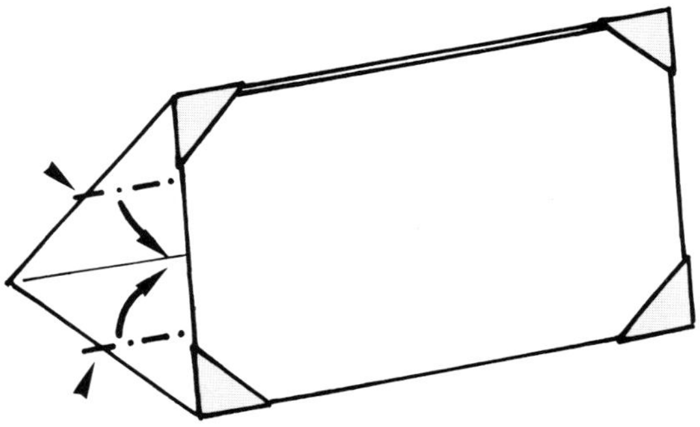

5 joindre les deux côtés au centre derrière

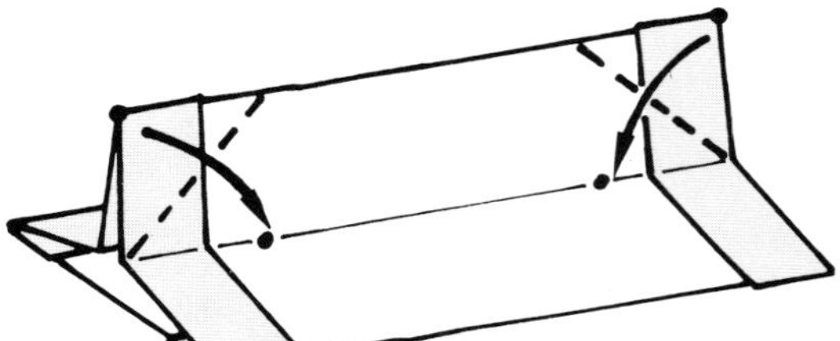

6 pour une photo horizontale, plier les deux coins le long de l'arête centrale

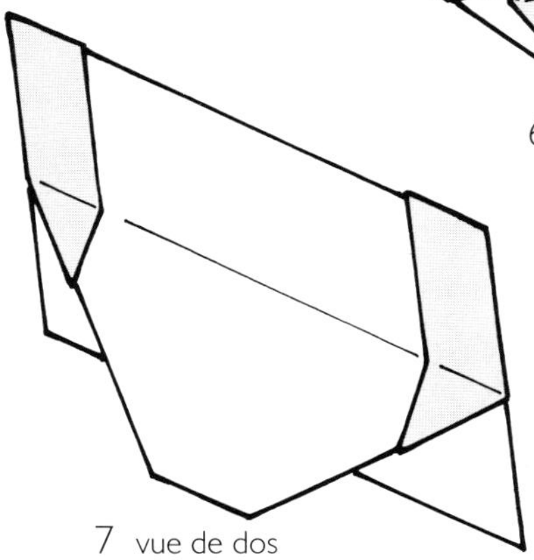

7 vue de dos

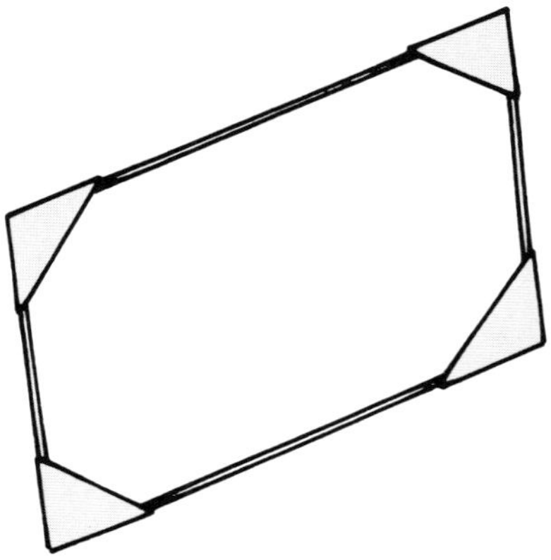

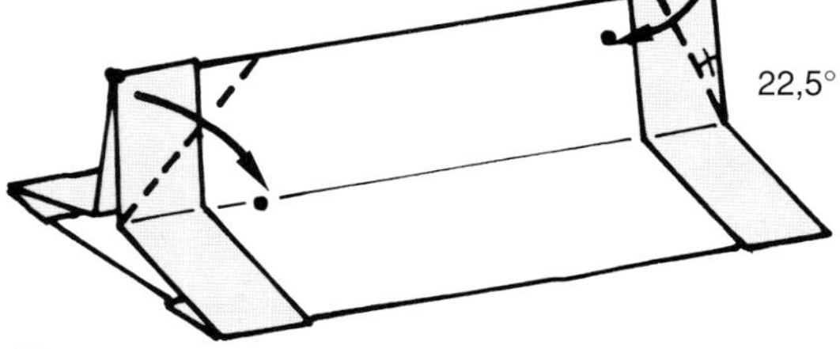

7 bis pour une photo verticale, plier le coin droit à la moitié de 45°

EN INSTANTANÉ. La carte postale ou la photo que vous gardez au fond d'un tiroir mérite, peut-être, une attention particulière. Avec ce cadre photo, très simple à réaliser, vous mettez en valeur tous les instants précieux de l'existence.

BOÎTE MURALE

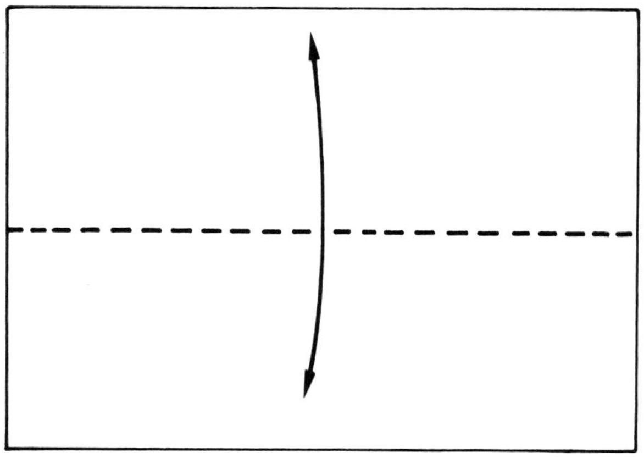

1 marquer le pli central d'une feuille A4 (ou plus grande)

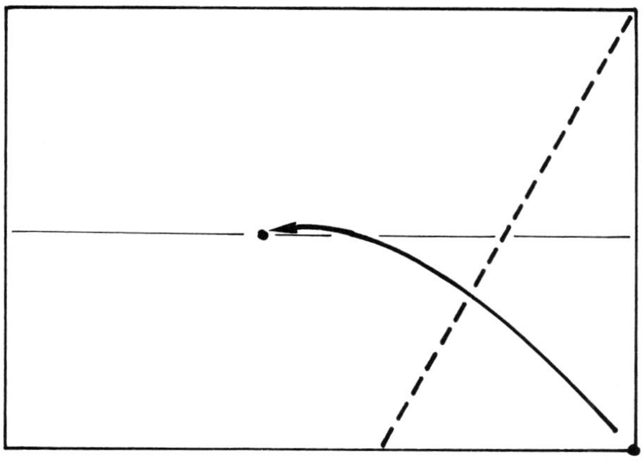

2 en partant de l'angle supérieur droit, joindre les points sur le pli central

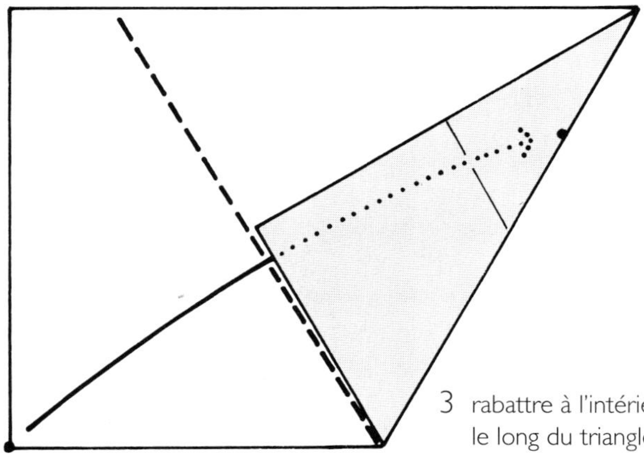

3 rabattre à l'intérieur la partie gauche, le long du triangle plié

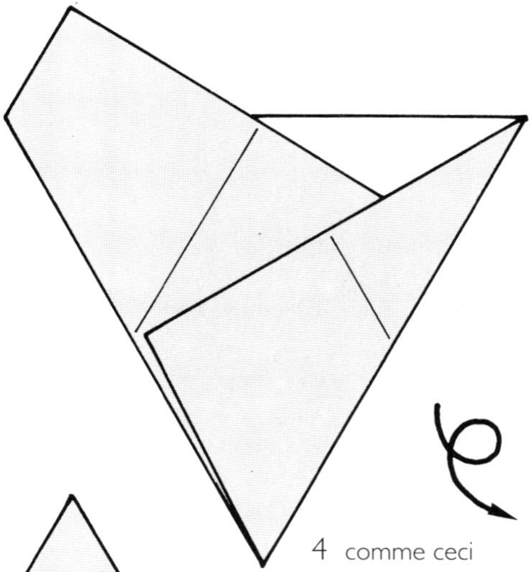

4 comme ceci puis retourner

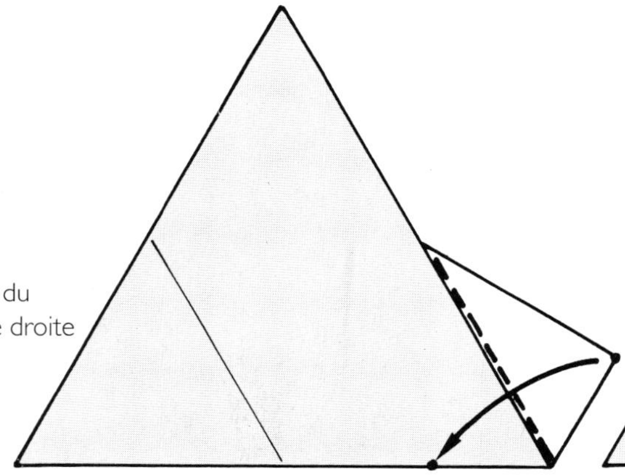

5 rabattre le long du triangle la partie droite

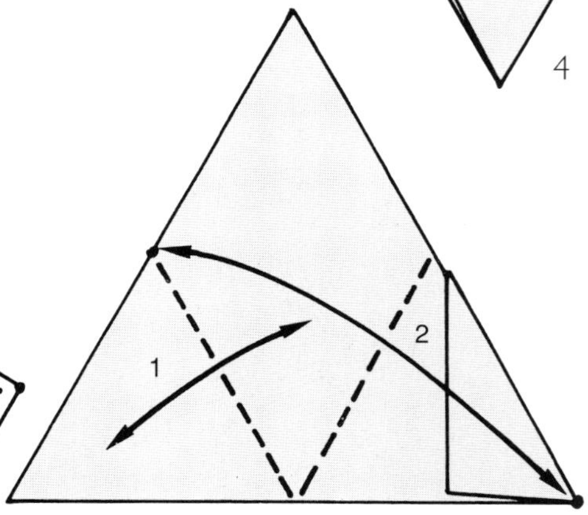

6 marquer sur toutes les épaisseurs le triangle de gauche puis faire de même pour le triangle de droite en joignant les points

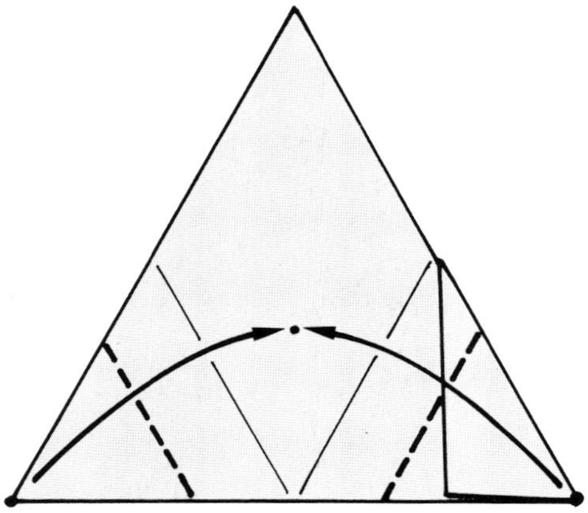

7 rabattre simultanément les deux côtés, de façon à ce qu'ils se rencontrent au centre sur une ligne horizontale

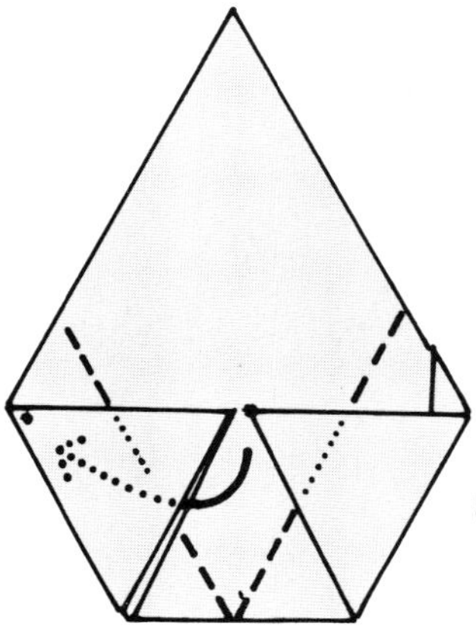

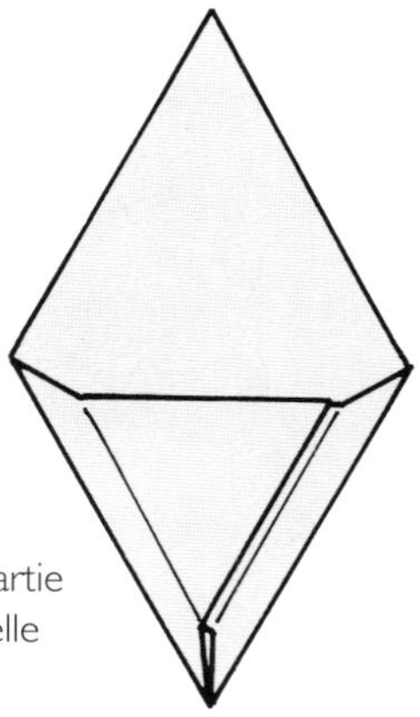

8 emboîter la partie droite dans celle de gauche

DES CONDIMENTS. Cette applique murale trouvera facilement sa place. Vous pourrez y déposer des condiments fraîchement cueillis qui embelliront votre cuisine avant de relever le goût de vos plats.

COUPELLE

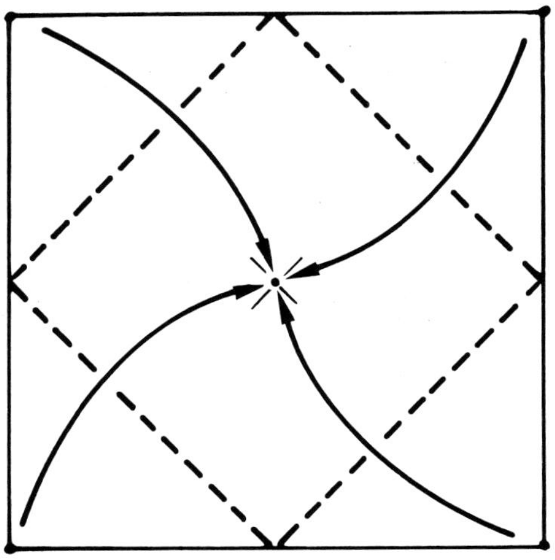

1 pincer les diagonales pour repérer le centre
puis joindre les quatre coins au point central

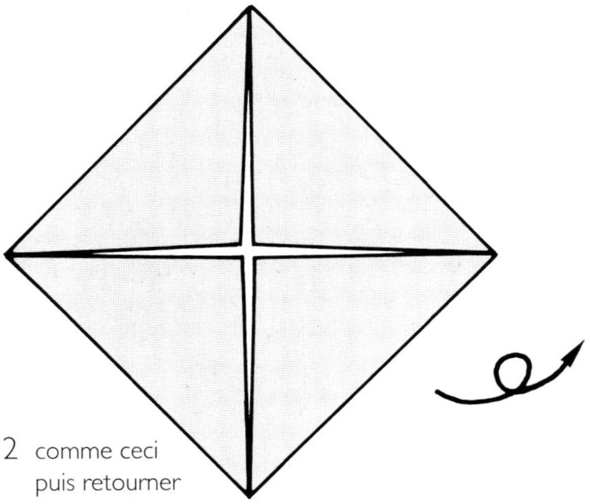

2 comme ceci
puis retourner

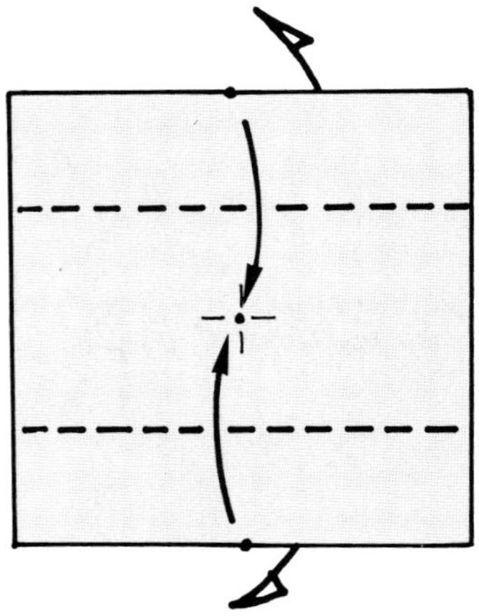

3 plier jusqu'au centre en
dégageant les pointes arrière

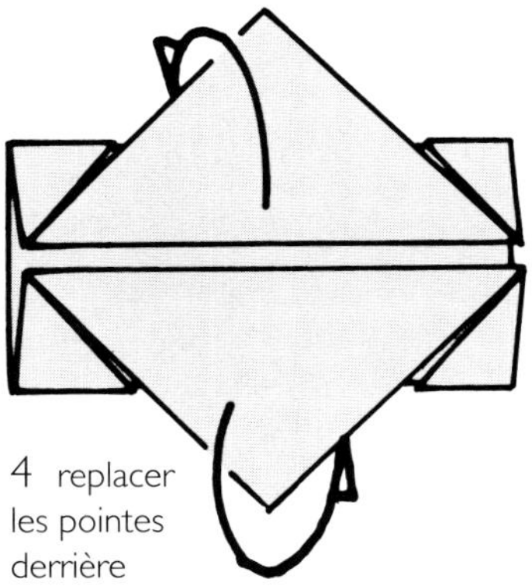

4 replacer
les pointes
derrière

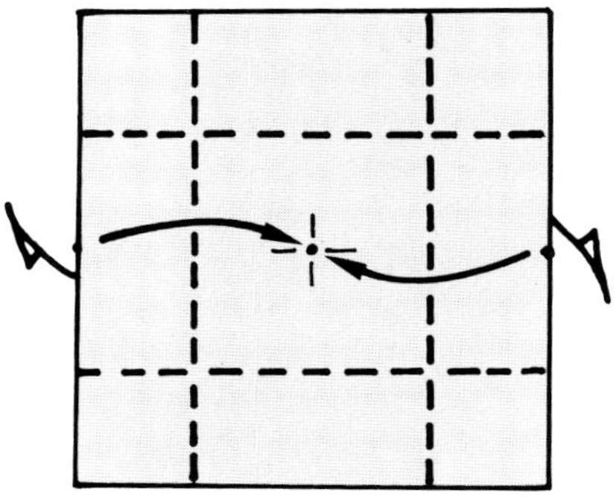

5 plier jusqu'au centre les deux
autres côtés en dégageant
les pointes arrières

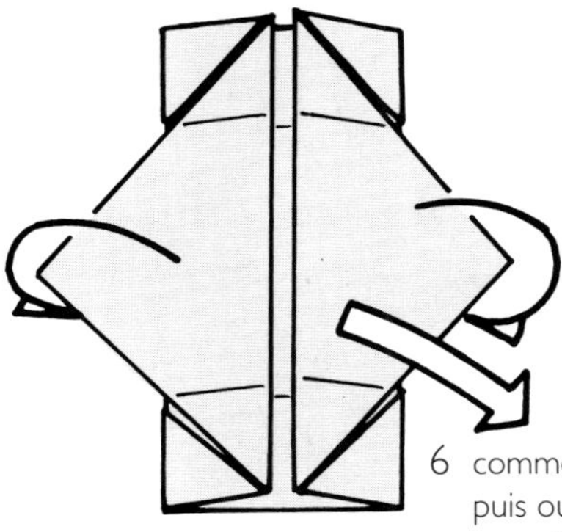

6 comme ceci
puis ouvrir
complètement

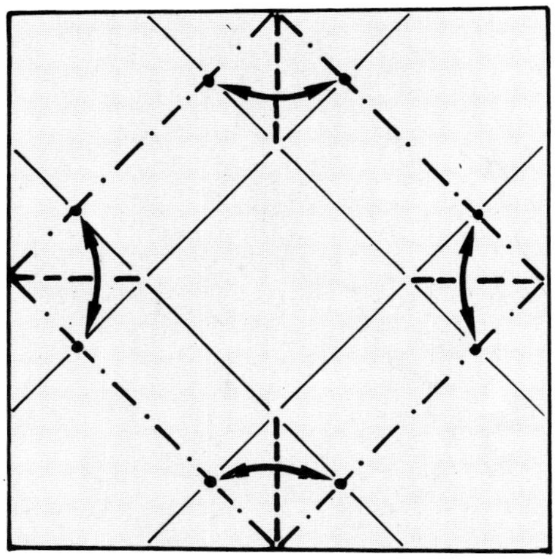

7 marquer les plis

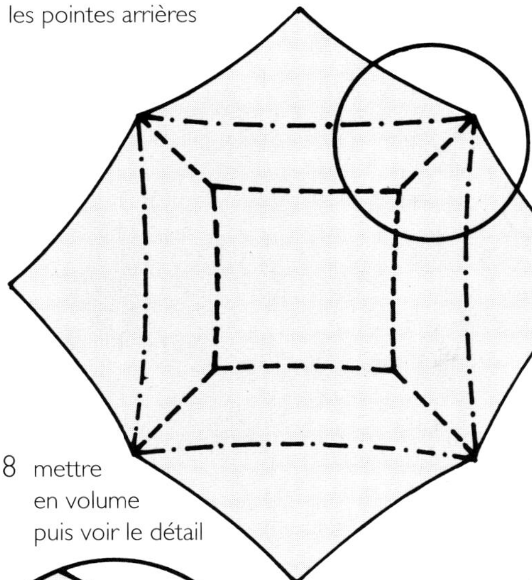

détail

8 mettre
en volume
puis voir le détail

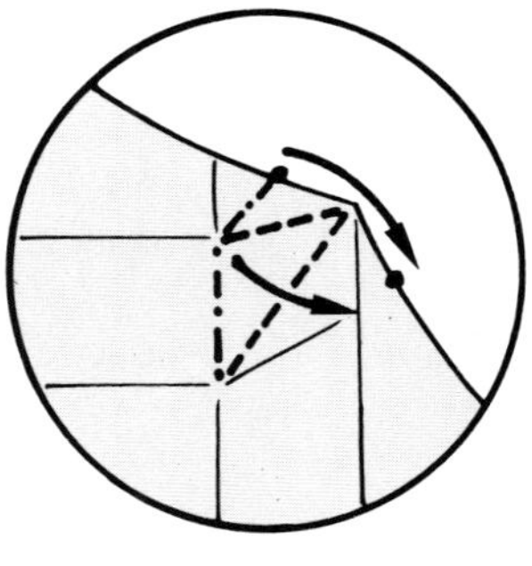

9 plier le carré et le triangle
en joignant les points

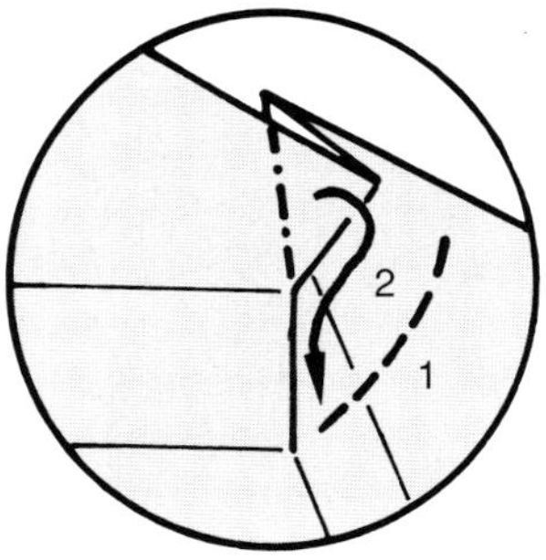

10 avant de
rentrer la
languette,
creuser
la partie
droite

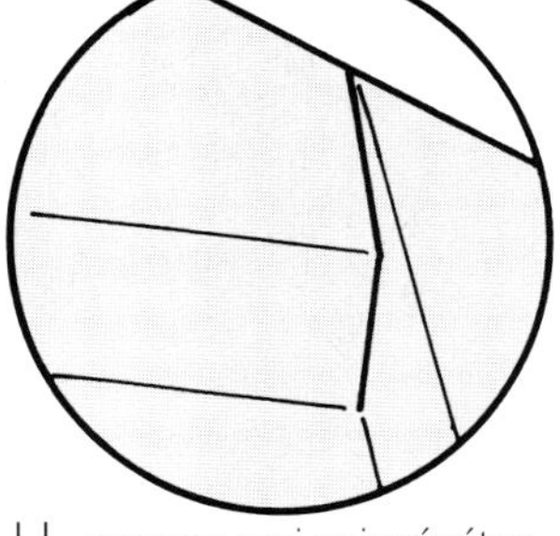

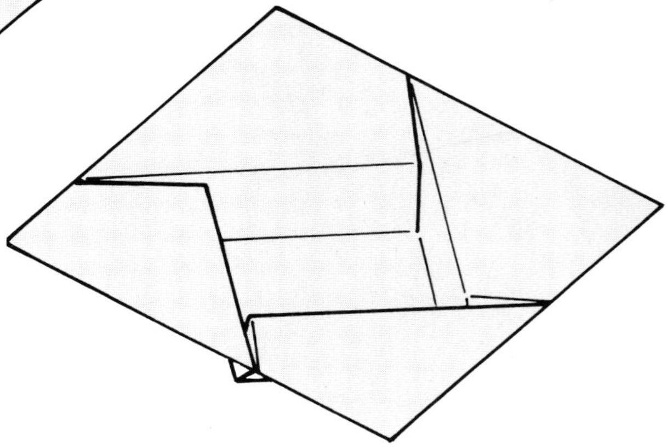

11 comme ceci puis répéter
sur les trois autres côtés

UN PARFUM D'ANIS. Ce récipient aux lignes pures se réalise dans un papier de couleur en harmonie avec son contenu. Au creux de ce pliage, placez des graines ou des épices aux arômes subtils qui rempliront l'air de senteurs délicates.

PORTE BAGUETTES

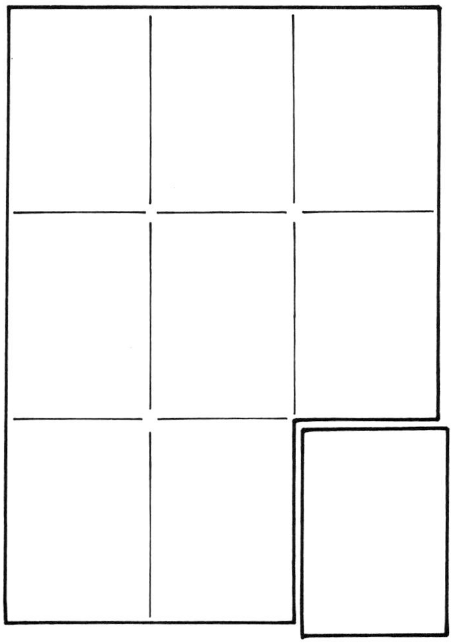

1 découper un sixième d'une feuille A4

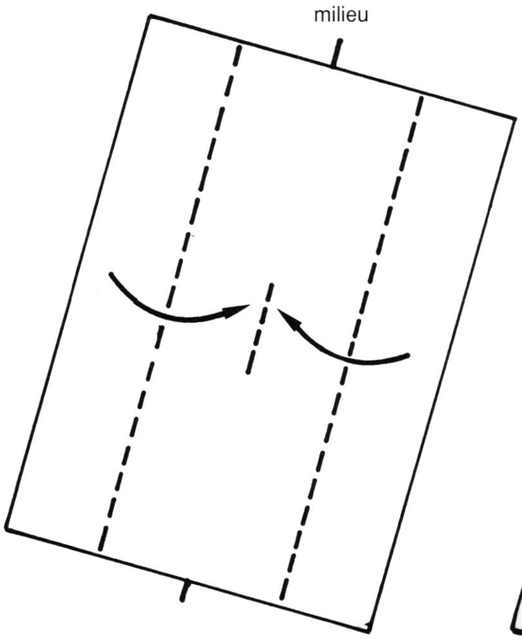

2 plier les côtés jusqu'au milieu

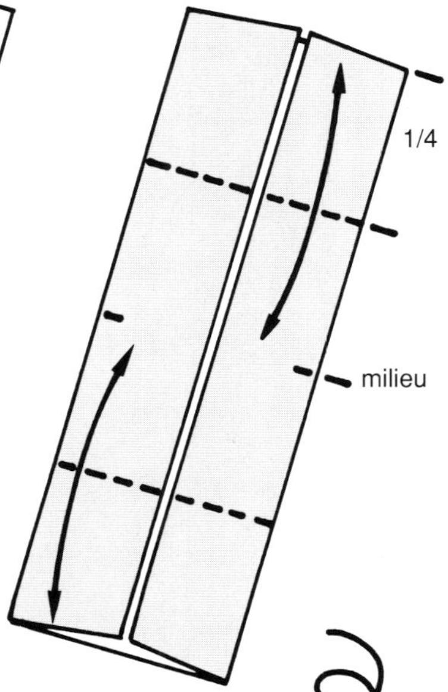

3 marquer le milieu puis marquer les côtés en les pliant au centre et retourner

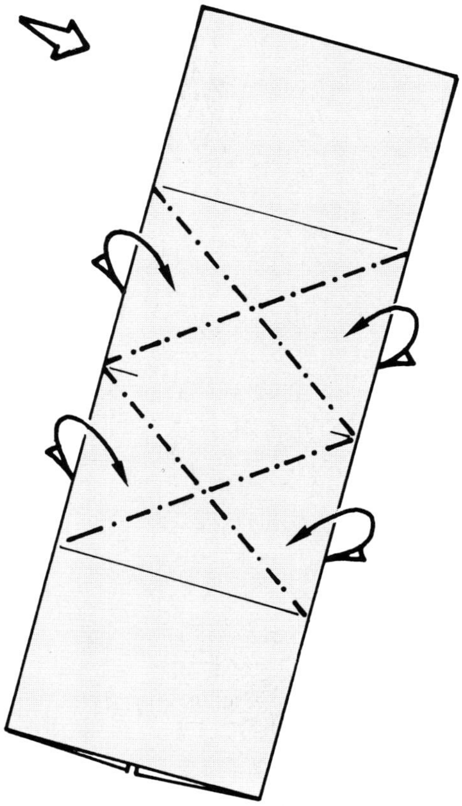

4 marquer les diagonales des deux rectangles centraux

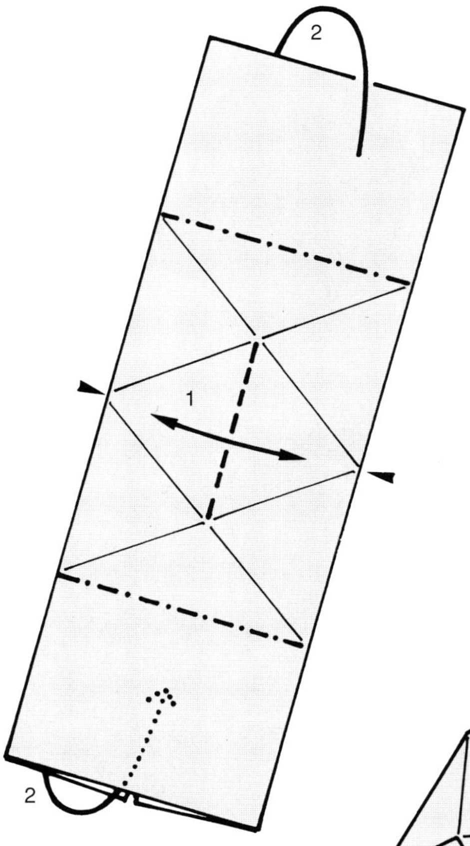

5 marquer le pli central puis emboîter les deux extrémités en pinçant au centre

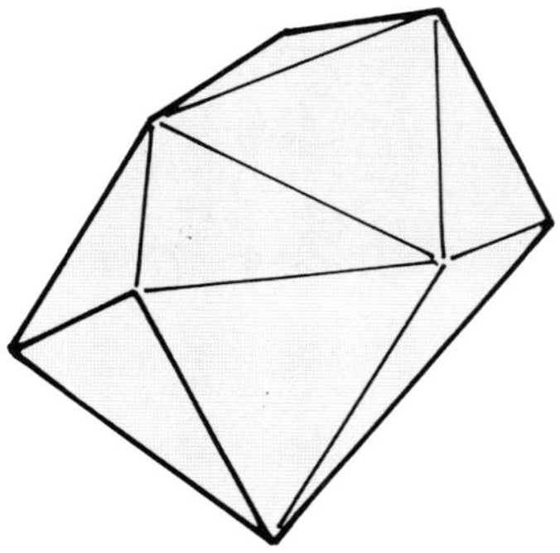

DE L'EXOTISME. Préparer un repas japonais, c'est non seulement disposer avec raffinement les aliments dans les plats mais aussi soigner la présentation générale en posant les baguettes sur leur support.

POCHE

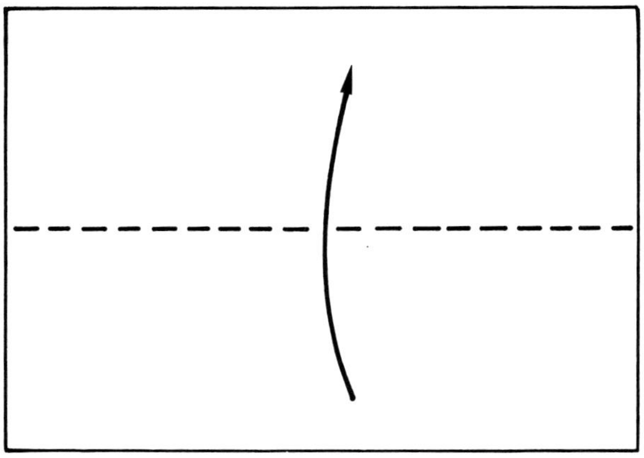

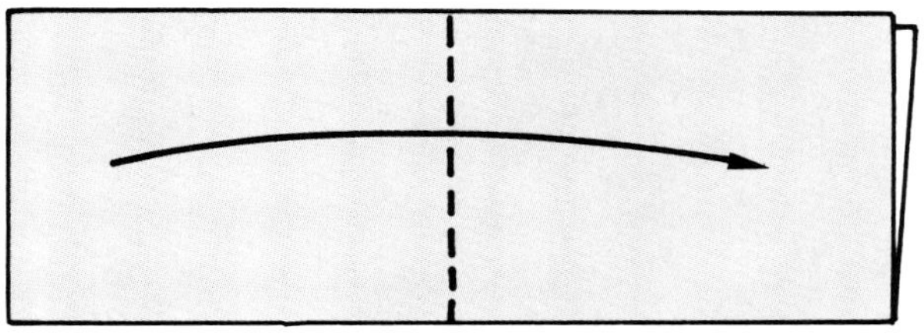

1 format initial A4 ou un rectangle - plier en deux vers le haut

2 plier en deux dans l'autre sens

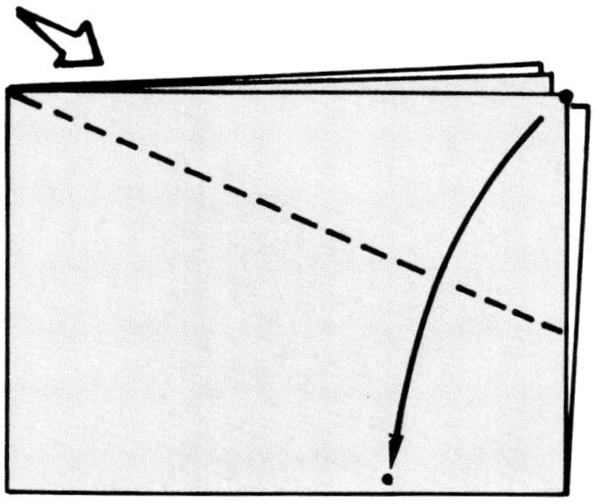

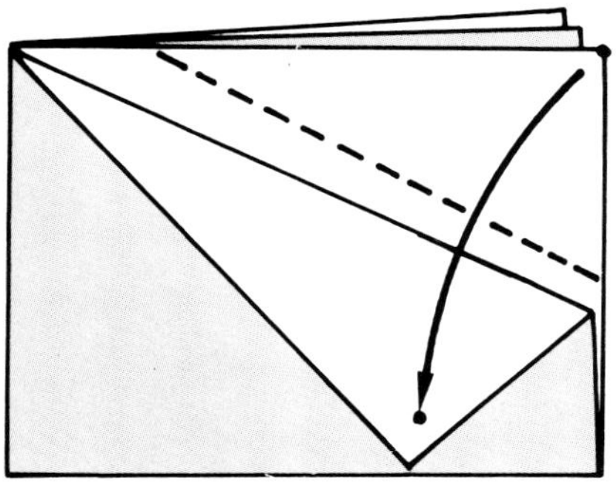

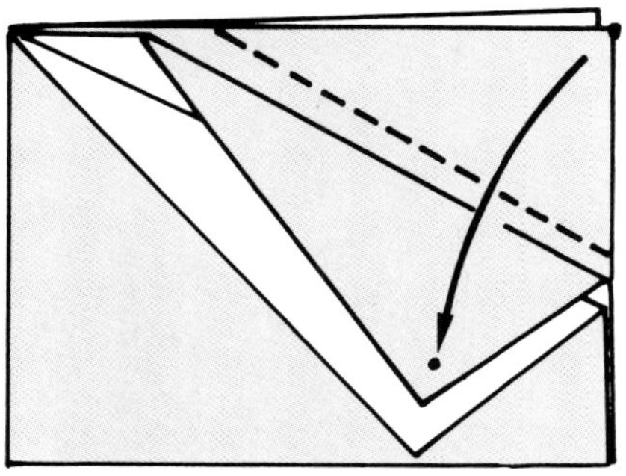

3 partir du coin supérieur gauche pour rabattre un feuillet en joignant les points

4 décaler légèrement le deuxième feuillet

5 puis le troisième

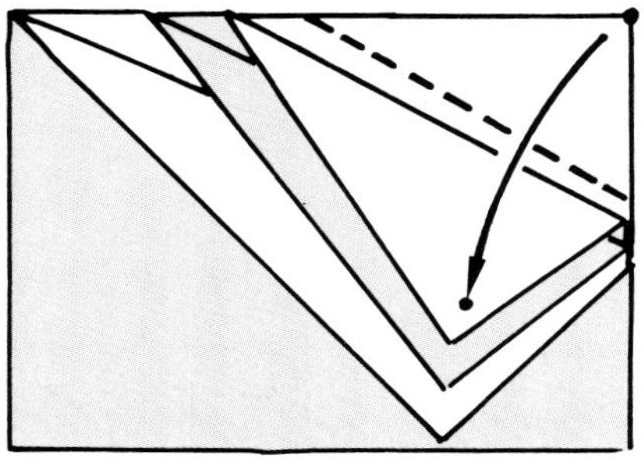

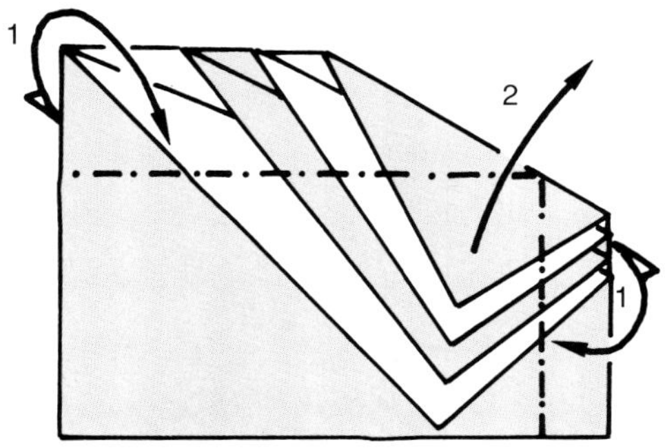

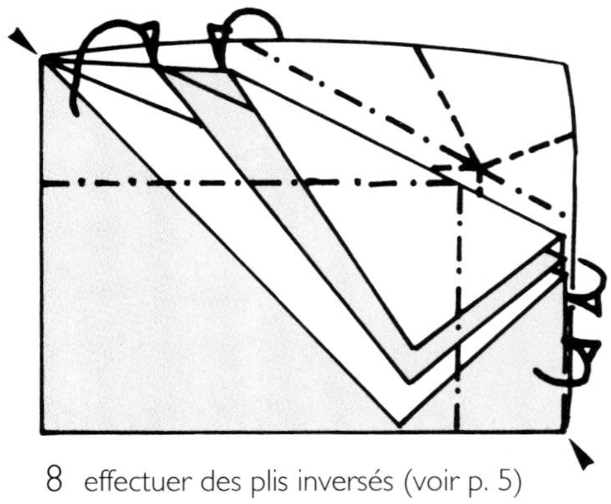

6 et le dernier

7 marquer les plis en rabattant derrière puis déplier le dernier feuillet

8 effectuer des plis inversés (voir p. 5) pour rentrer les bords verticaux et horizontaux en marquant aussi les plis du dernier feuillet dans le bon sens (voir détail)

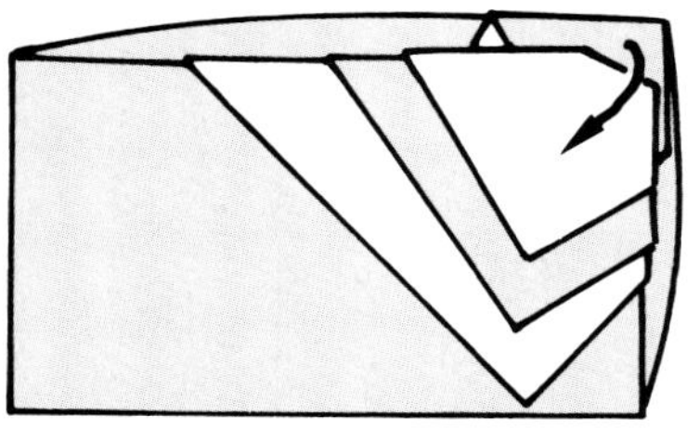

9 vue intérieure du dernier feuillet

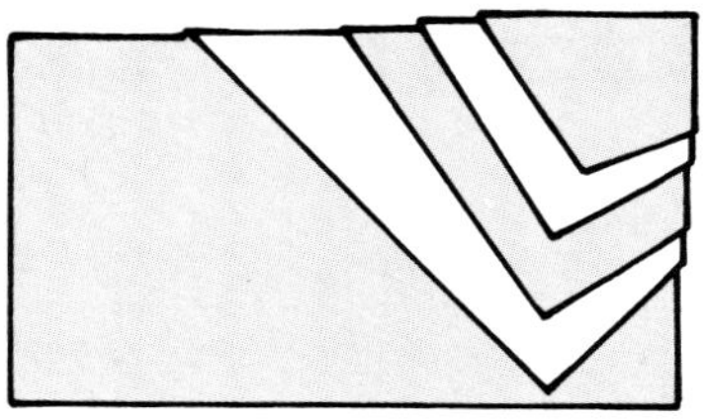

10 glisser l'ensemble du coin dans la poche de derrière puis retourner

UN MESSAGE. D'une grande simplicité, cette pochette est mise en valeur par l'esthétique d'une série de plis décalés. On y glisse une carte d'invitation, un billet ou un message.

SUPPORT DE BUREAU

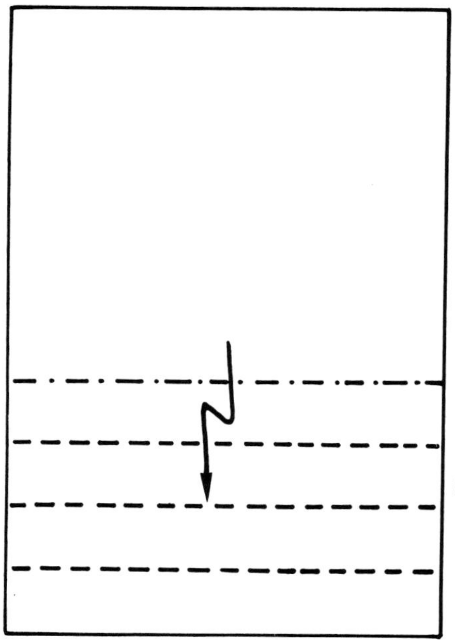

1 format inital A4 - plier quatre bandes identiques de 3 cm environ en enroulant puis effectuer un repli des deux plis supérieurs

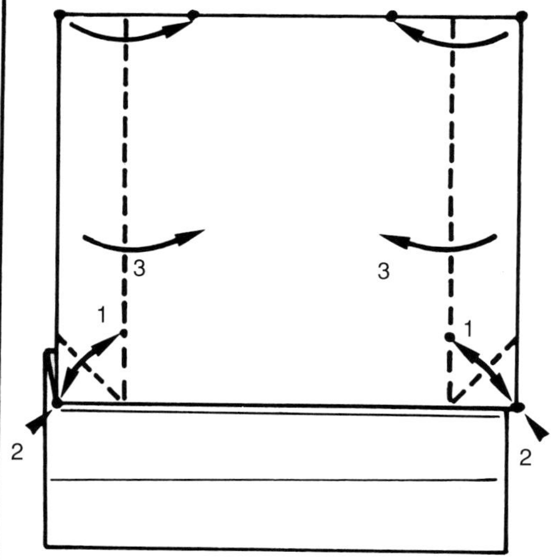

2 marquer les coins en pli «vallée» sur deux épaisseurs puis faire un pli inversé et rabattre les bandes verticales vers le centre

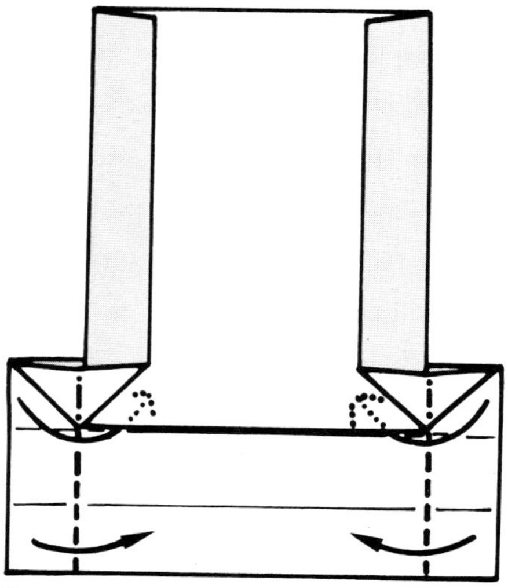

3 rabattre la bande verticale du bas en pli «vallée», sous les autres épaisseurs, en soulevant légèrement le repli

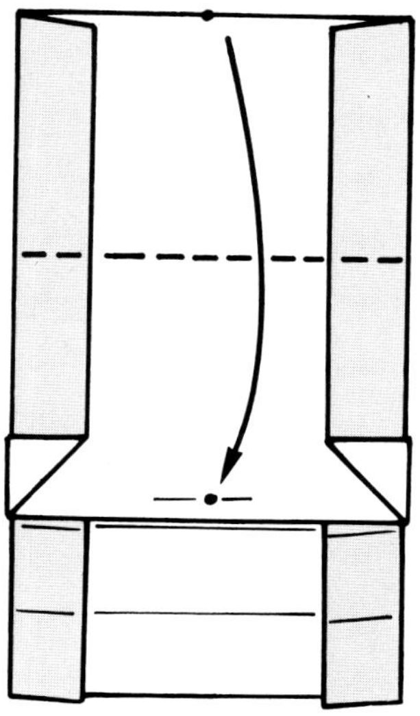

4 plier en deux en joignant les points

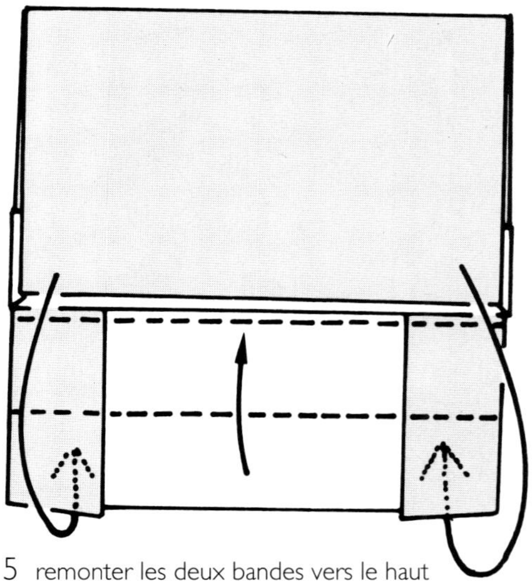

5 remonter les deux bandes vers le haut et glisser toutes les épaisseurs à l'intérieur comme indiqué

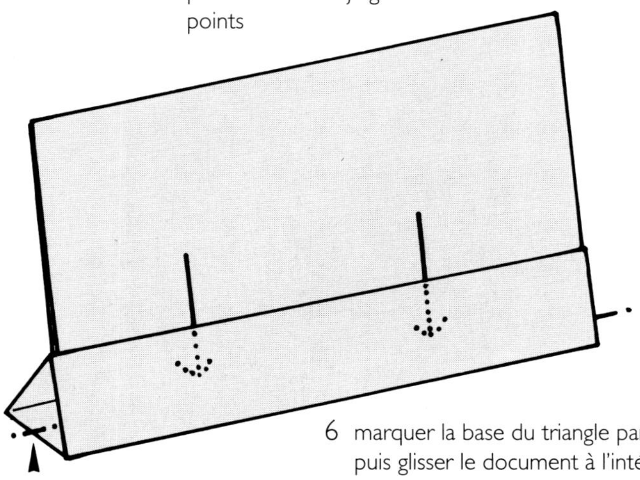

6 marquer la base du triangle par un pli puis glisser le document à l'intérieur

POUR MÉMOIRE. Un calendrier, un emploi du temps, des places de concert, une photo d'identité : ce n'est pas un inventaire à la Prévert mais ce que ce support peut recevoir pour faire de la place sur votre bureau.

CARTE À OUVERTURE

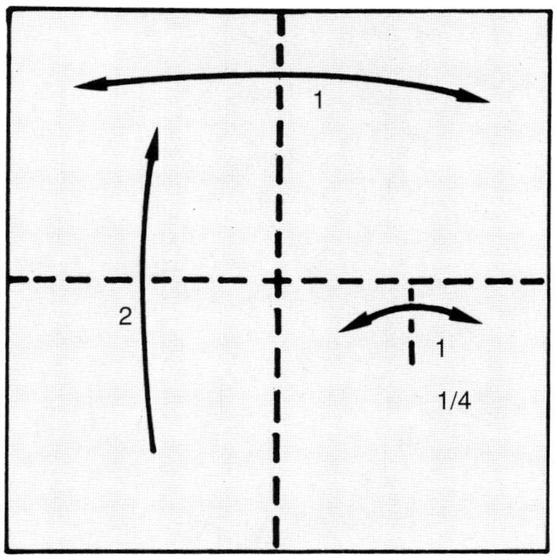

1 format initial 21 cm x 21 cm - marquer les plis verticaux puis plier en deux vers le haut

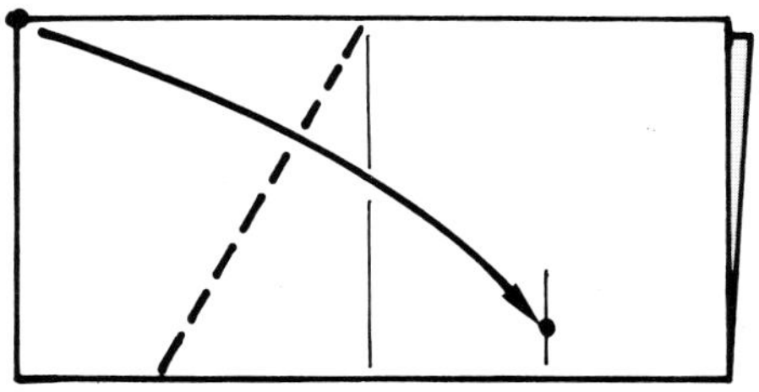

2 en partant du milieu du côté supérieur, joindre les points marqués

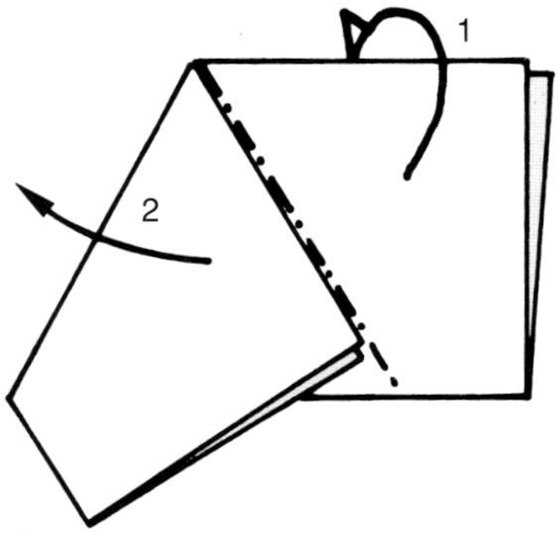

3 rabattre le côté droit derrière puis ouvrir le côté gauche

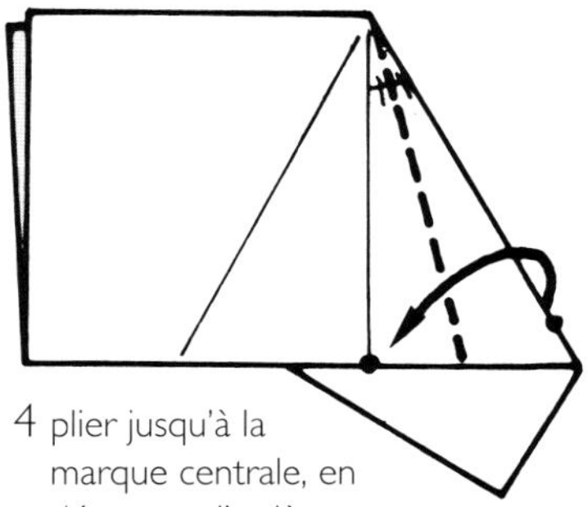

4 plier jusqu'à la marque centrale, en dégageant l'arrière sans le plier

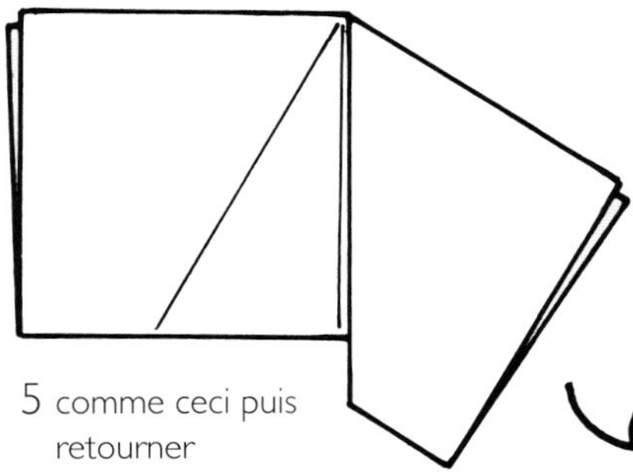

5 comme ceci puis retourner

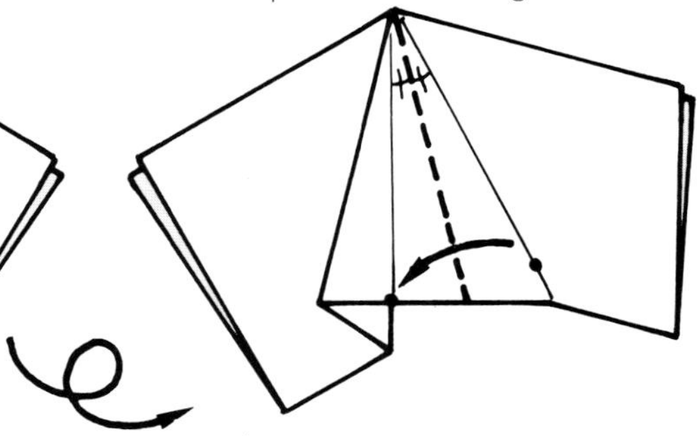

6 plier en partageant l'angle en deux comme à l'étape 4

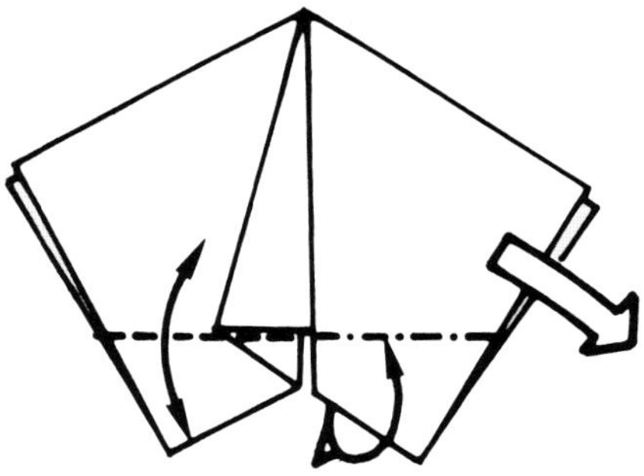

7 marquer les plis puis déplier complètement

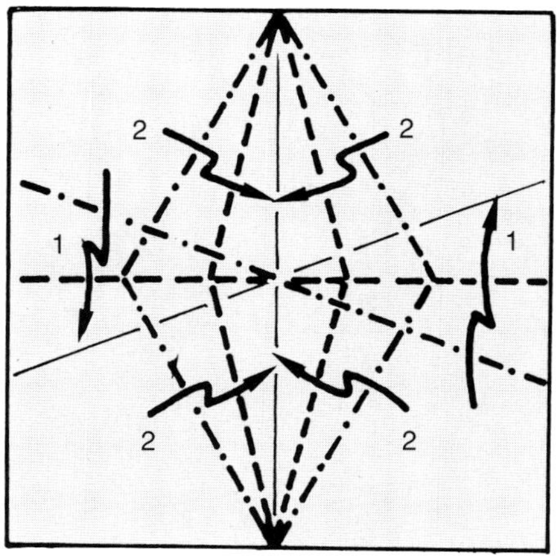

8 effectuer des replis d'abord sur les côtés puis vers le centre où se trouvent les losanges

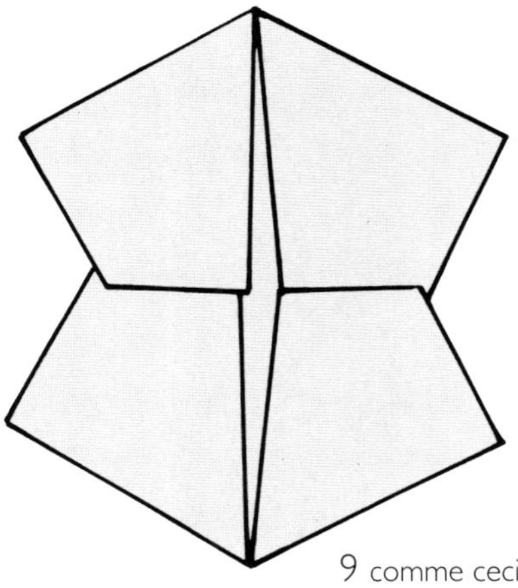

9 comme ceci puis retourner

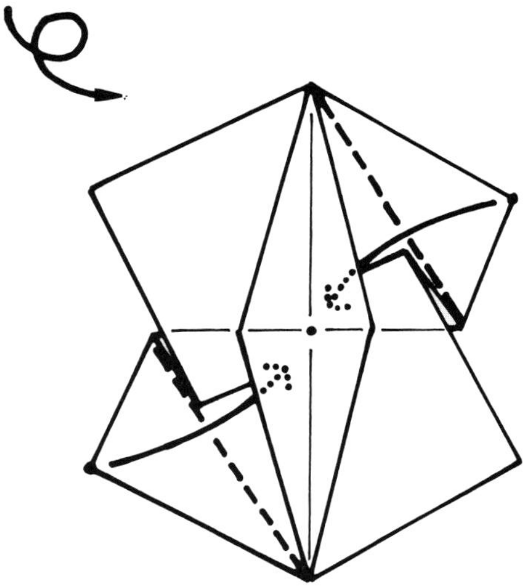

10 rentrer les côtés opposés sous le losange central puis retourner

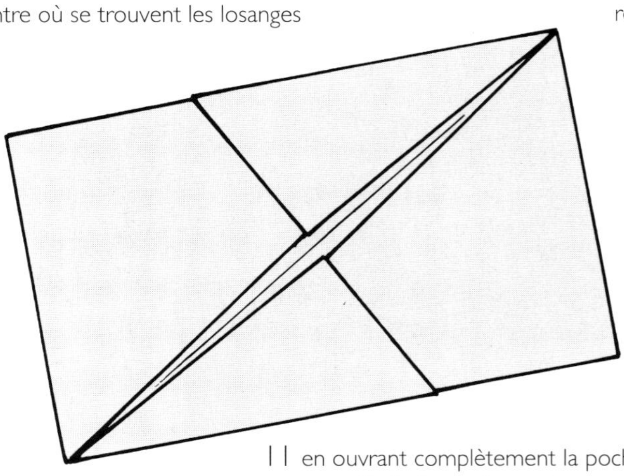

11 en ouvrant complètement la poche, le pliage se replie à plat en formant une autre figure

UNE PENSÉE. Une carte qui possède une poche centrale permet non seulement d'écrire un mot mais aussi de glisser une fleur, un trèfle à quatre feuilles ou une petite surprise.

BLOC-TÉLÉPHONE

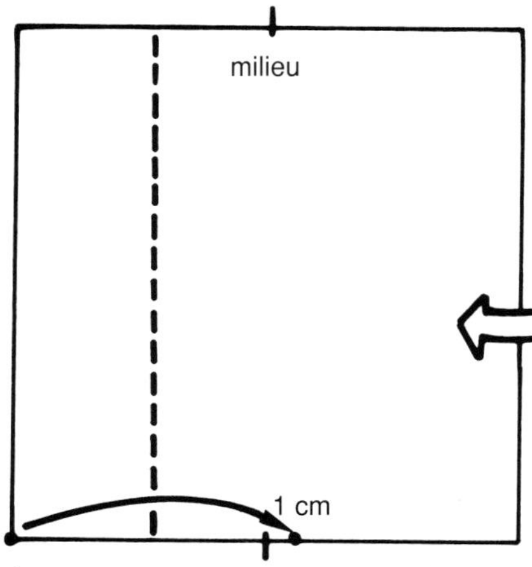

1 format initial 21 cm x 21 cm - rabattre une bande, 1 cm au delà du milieu, en joignant les points

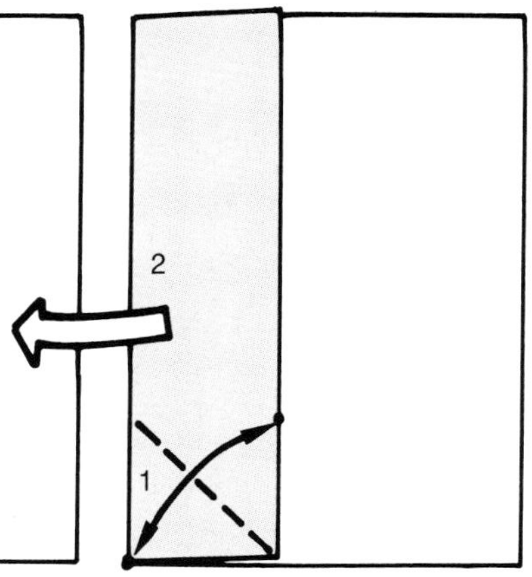

2 marquer le pli en joignant les points puis déplier complètement

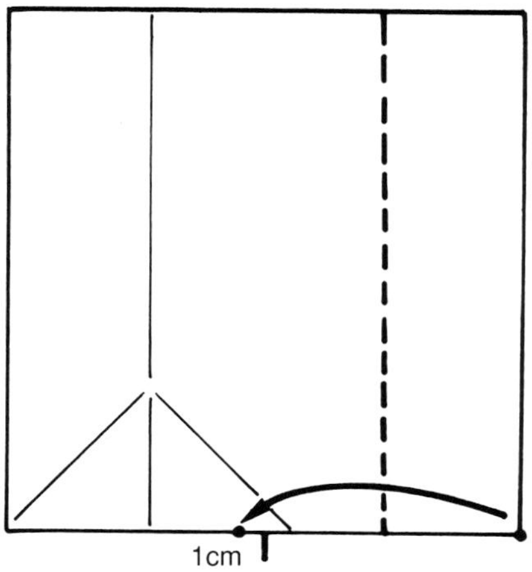

3 rabattre l'autre côté, 1 cm au delà du milieu, en joignant les points

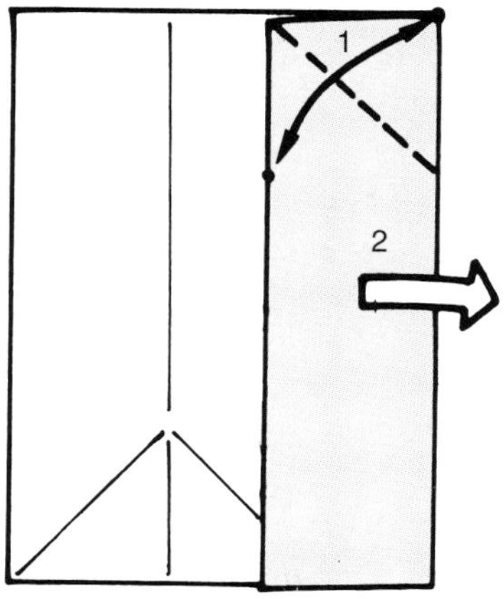

4 marquer le pli en joignant les points puis déplier

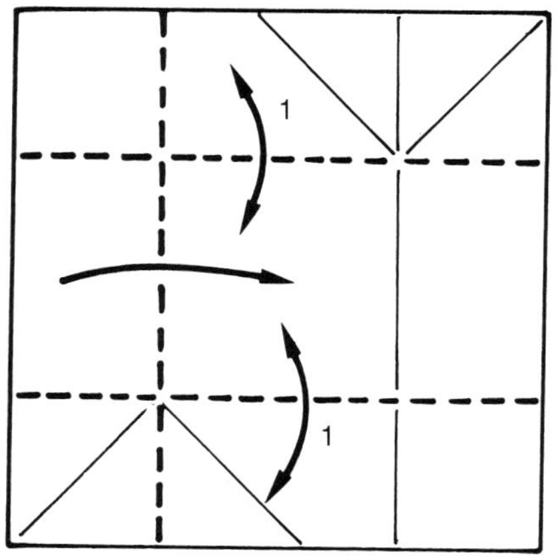

5 marquer les plis horizontaux puis replier la bande de gauche

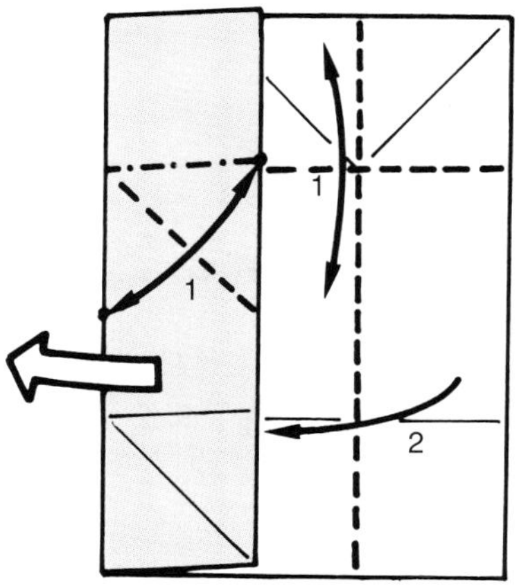

6 joindre les points en remontant à la verticale la partie haute, marquer le pli de l'intérieur puis déplier, rabattre la bande de droite

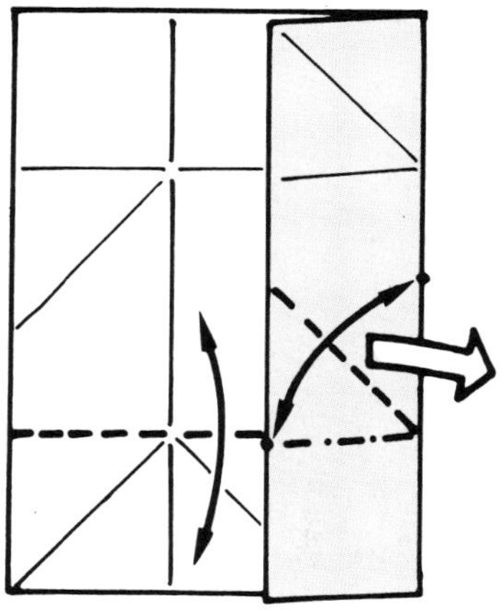

7 procéder de même qu'en 6 puis déplier

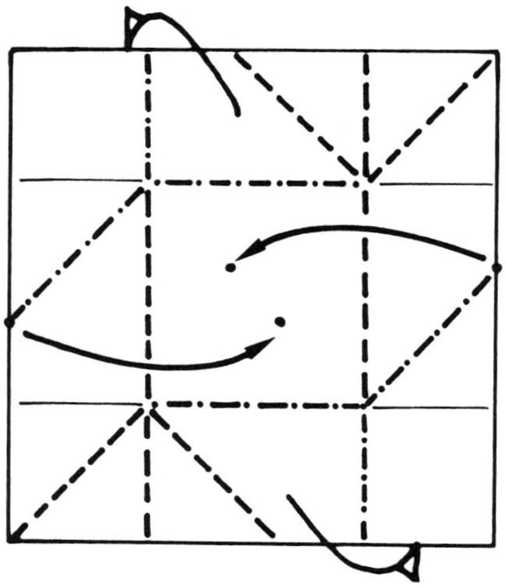

8 mettre les plis dans le bon sens puis mettre en volume

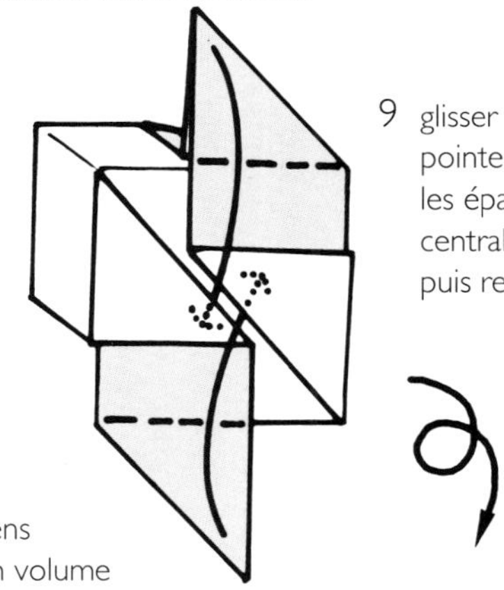

9 glisser les deux pointes sous les épaisseurs centrales puis retourner

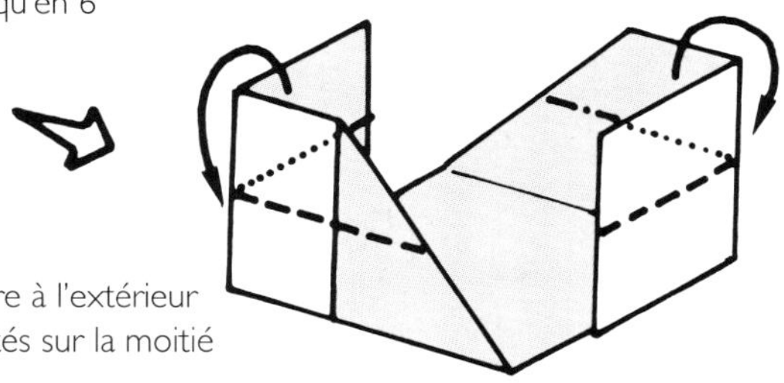

10 rabattre à l'extérieur les côtés sur la moitié

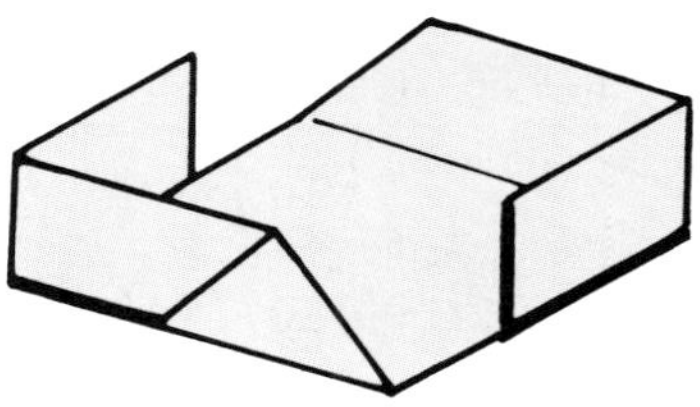

11 placer des carrés de 9,5 cm de côté

AU TÉLÉPHONE. Pour noter à la hâte un numéro de téléphone, une adresse ou l'heure de la prochaine séance de cinéma, fabriquez vous-même ce petit bloc téléphone. Rempli de papiers colorés il est encore plus joli ! Vous pouvez aussi y ranger des papiers d'origami.

SUPPORT DE CARTON DE TABLE

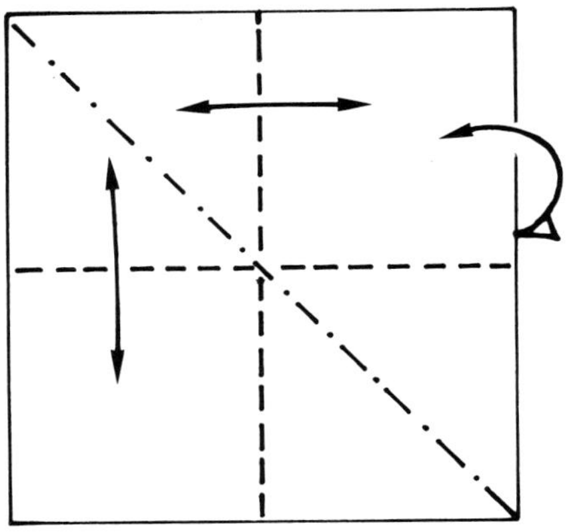

1 format initial carré de 9 cm de côté - marquer la diagonale en pli «montagne» et les médianes en pli «vallée»

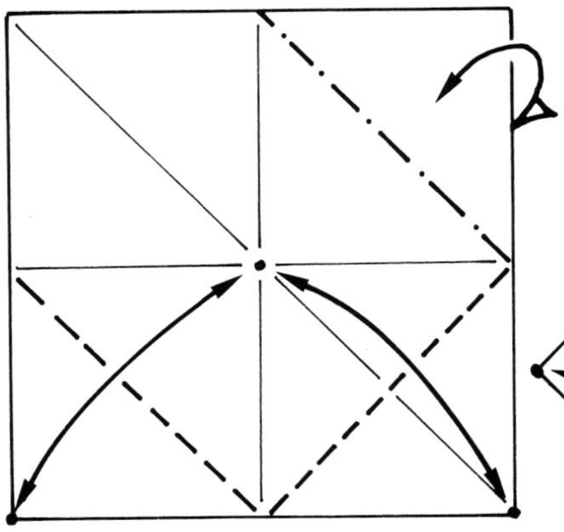

2 marquer les diagonales des trois carrés comme indiqué

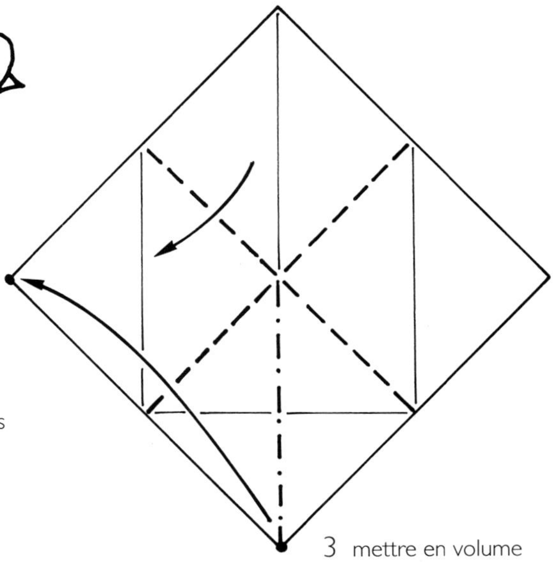

3 mettre en volume en joignant les points

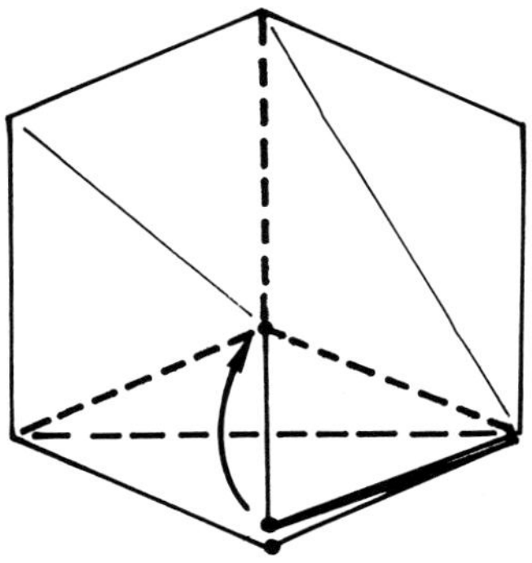

4 rabattre toutes les épaisseurs à l'intérieur

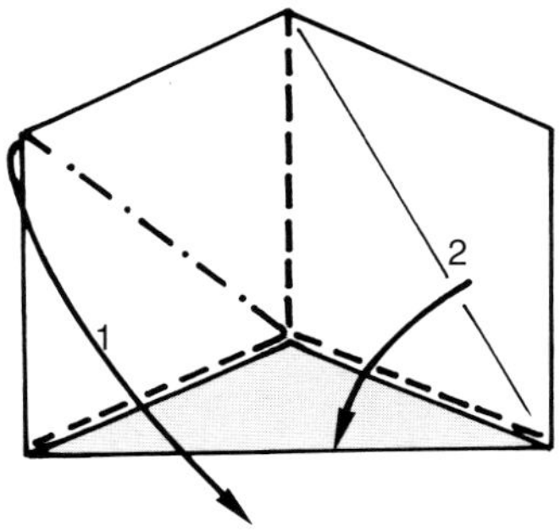

5 mettre à plat

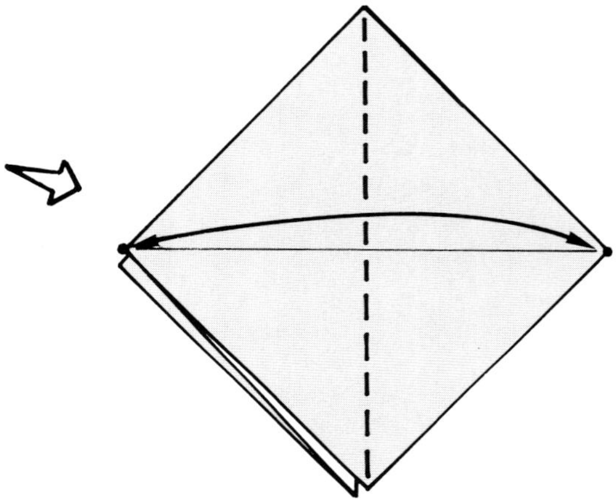

6 marquer le pli vertical

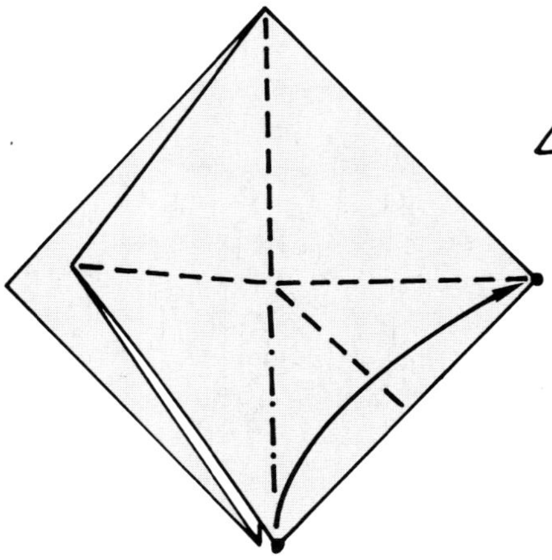

7 mettre en volume en joignant les points

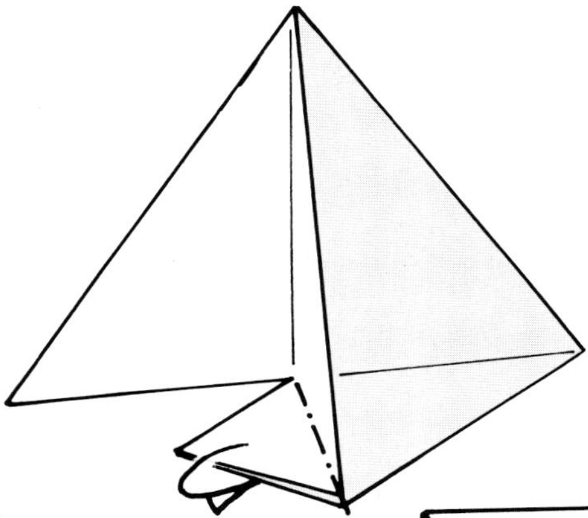

8 placer la languette entre les deux épaisseurs du dessous puis retourner

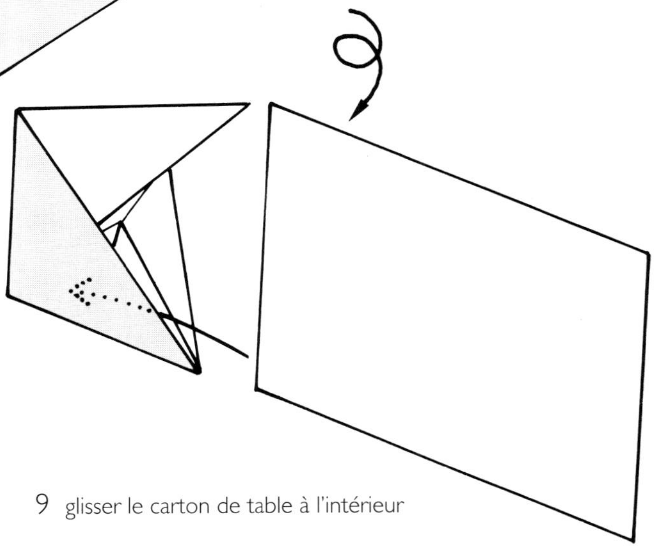

9 glisser le carton de table à l'intérieur

LES CONVIVES. Dresser la table, c'est aussi penser à la place de vos invités pour qu'ils passent un agréable moment. Ces petits supports vous aideront à réaliser le meilleur plan de table.

BOÎTE INFÉRIEURE

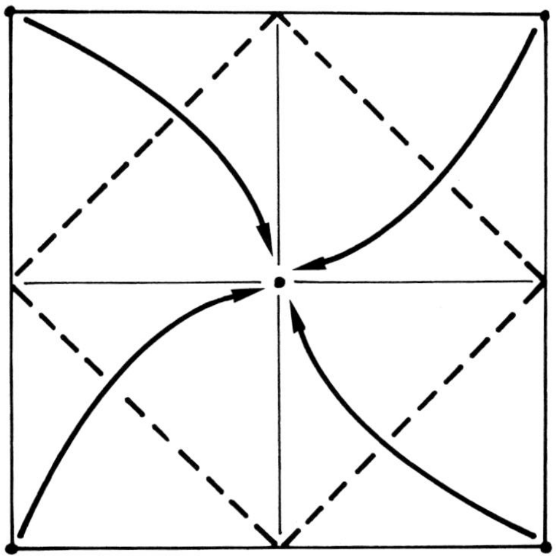

1 marquer les médianes en pli «montagne» puis joindre les pointes au centre

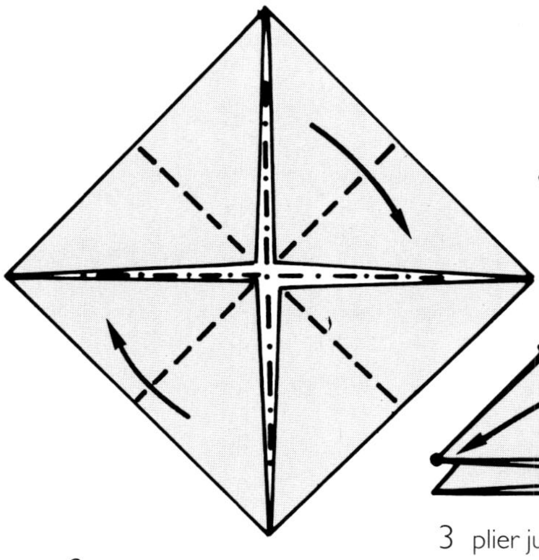

2 marquer les médianes et les diagonales puis plier l'ensemble, base de la bombe à eau (voir p. 5)

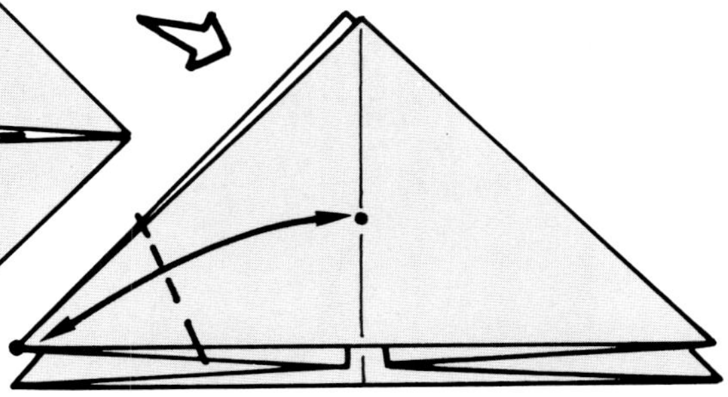

3 plier jusqu'au centre en gardant le bord rabattu parallèle à la base horizontale

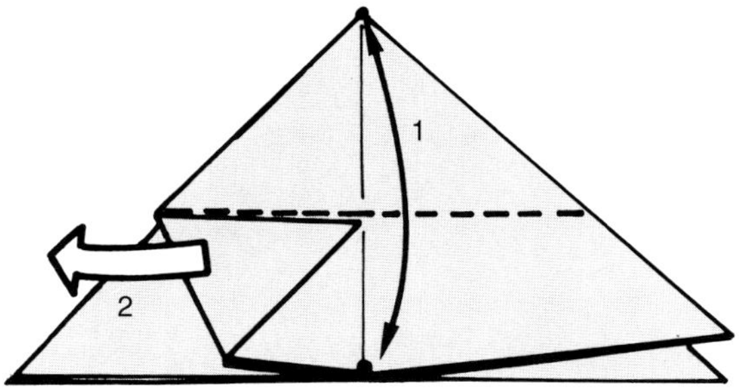

4 rabattre un feuillet vers le bas en joignant les points puis déplier

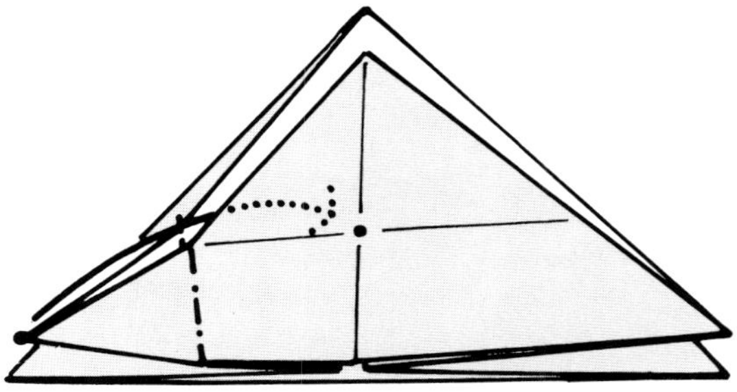

5 effectuer un pli inversé intérieur (voir p. 5) en ouvrant les deux premiers feuillets

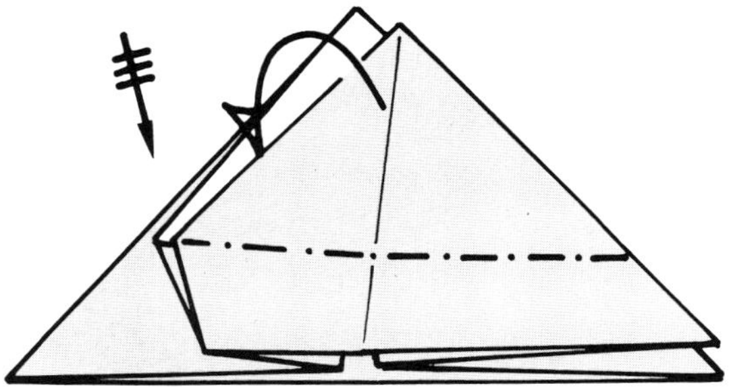

6 rentrer le triangle du haut à l'intérieur en bloquant le coin rentré, répéter les étapes 3 à 6 sur les trois autres côtés

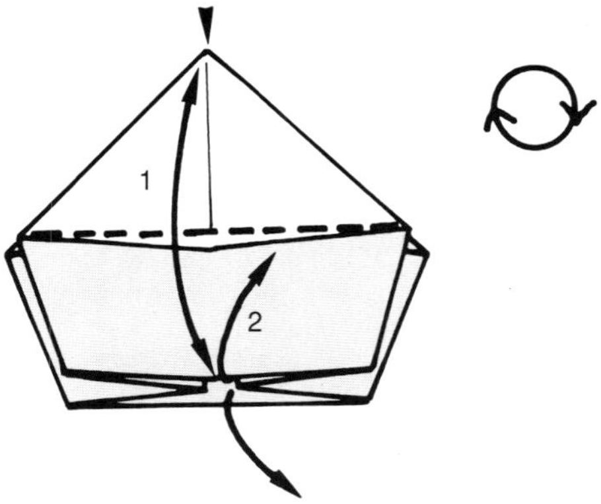

7 marquer le pli puis ouvrir l'ensemble en appuyant sur la pointe puis retourner

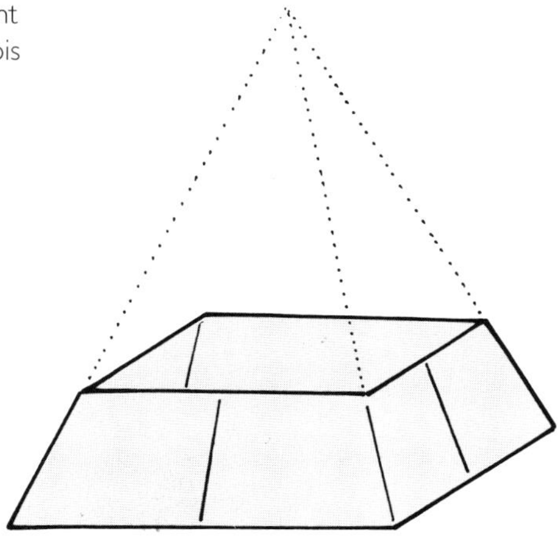

DES HIÉROGLYPHES. Cette boîte est la première pièce à assembler aux suivantes pour construire une pyramide à étages. On pourra s'en servir comme vide poche.

BOÎTE SUPÉRIEURE

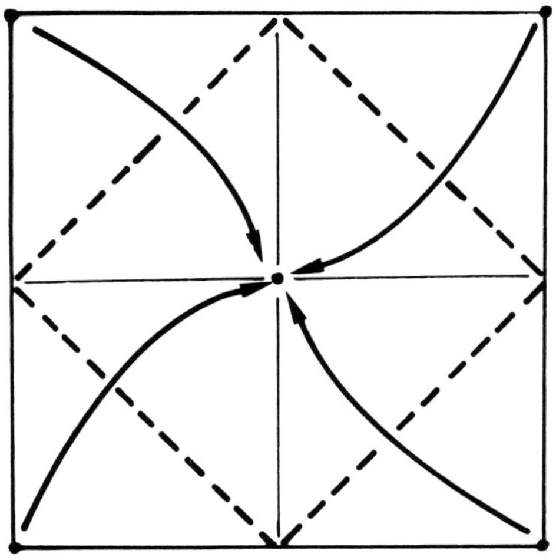

1 les médianes une fois marquées, joindre les pointes au centre

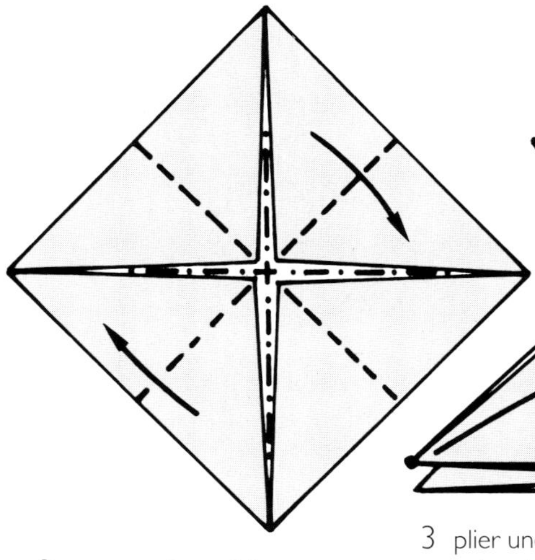

2 marquer les médianes et les diagonales puis plier l'ensemble

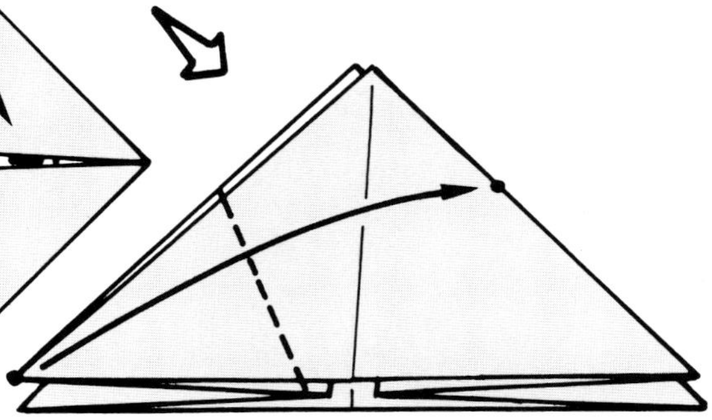

3 plier une pointe jusqu'au bord opposé, en gardant le bord rabattu parallèle à la base horizontale

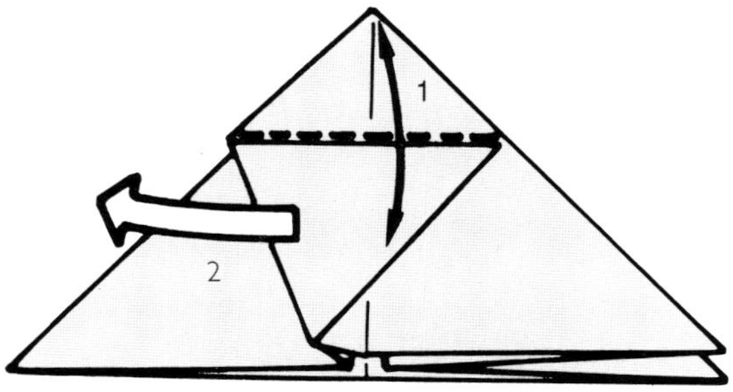

4 marquer d'un pli le feuillet supérieur puis déplier

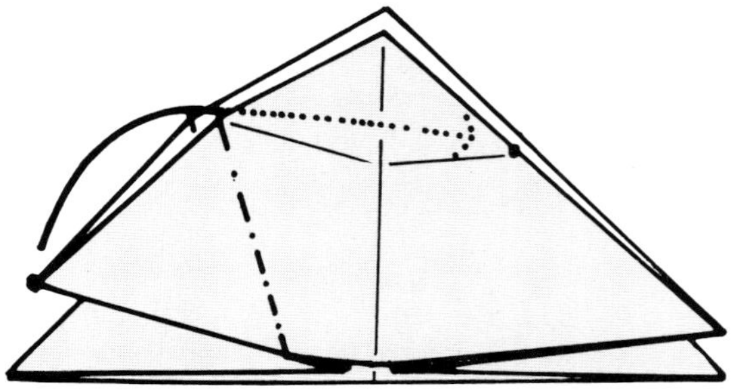

5 faire un pli inversé intérieur (voir p. 5) en ouvrant les deux premiers feuillets

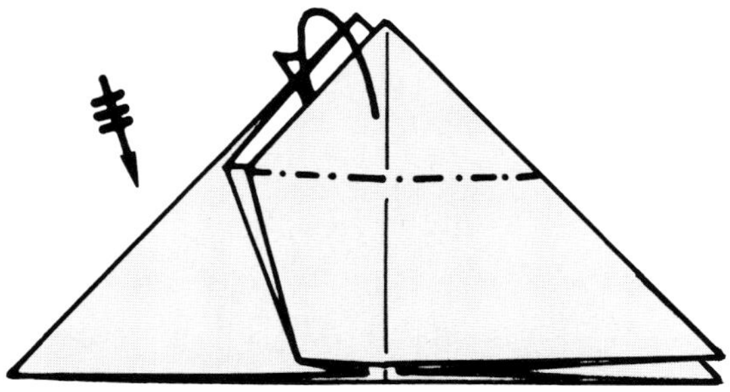

6 rentrer le triangle supérieur à l'intérieur en bloquant le coin rentré, répéter les étapes 3 à 6 sur les trois autres côtés

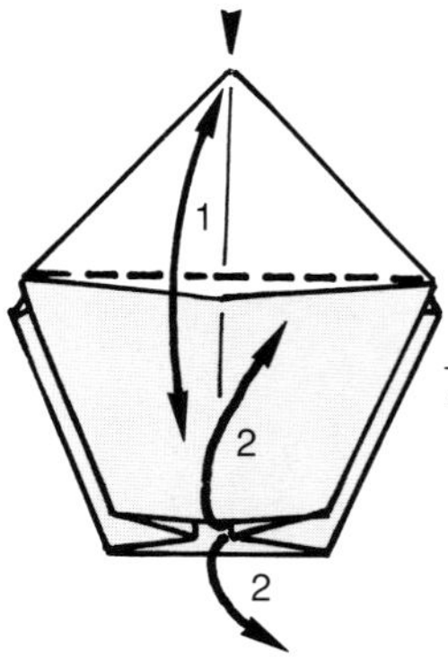

7 marquer le pli supérieur puis ouvrir en appuyant sur la pointe et retourner

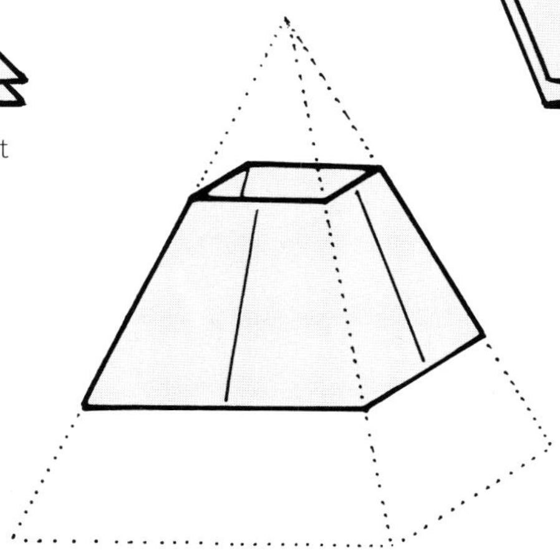

UN PAPYRUS. Ce deuxième récipient est une création à la fois de l'auteur et d'un anglais David Brill, connu pour la qualité de ses nombreux pliages. Cette boîte, plus petite et plus profonde, épouse parfaitement les formes de la précédente.

COUVERCLE

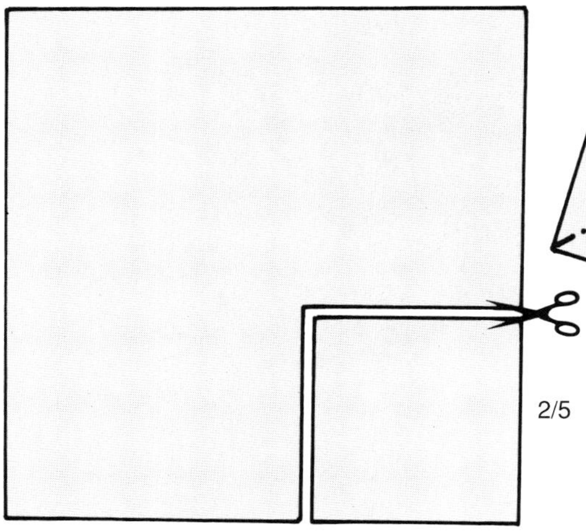

1 découper un carré de deux cinquième des formats précédents

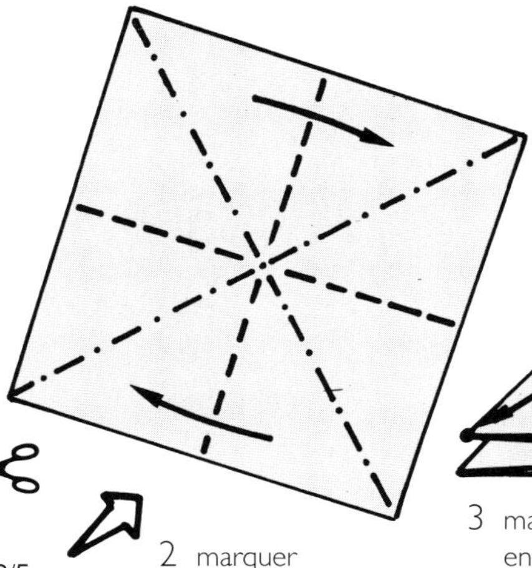

2 marquer les diagonales et les médianes puis plier l'ensemble

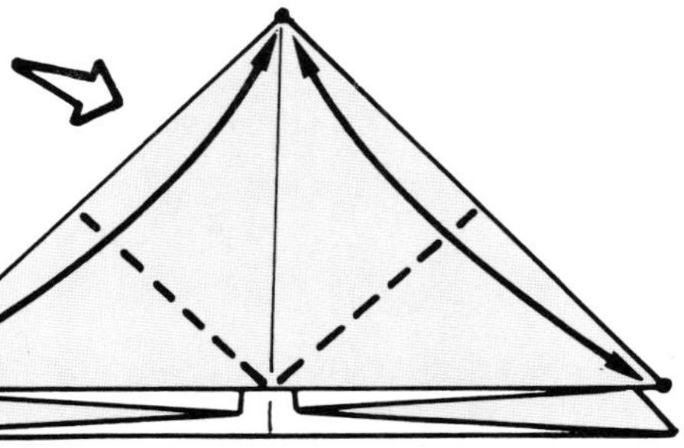

3 marquer les plis en remontant les deux pointes en haut

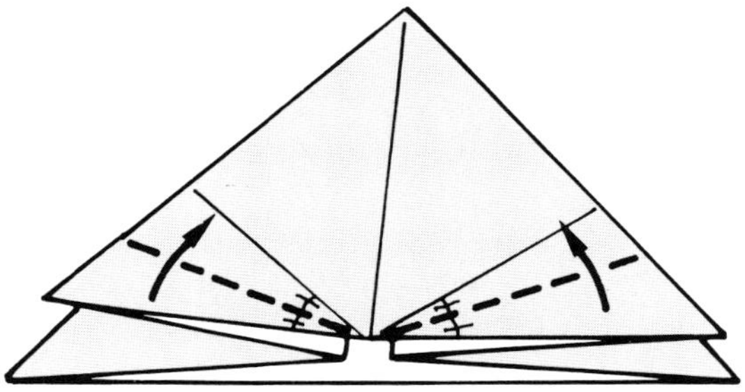

4 rabattre les côtés le long des plis précédents

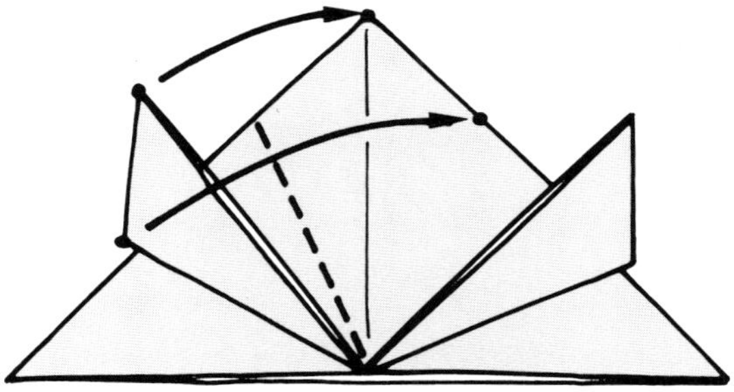

5 plier vers le haut la partie gauche en joignant les points

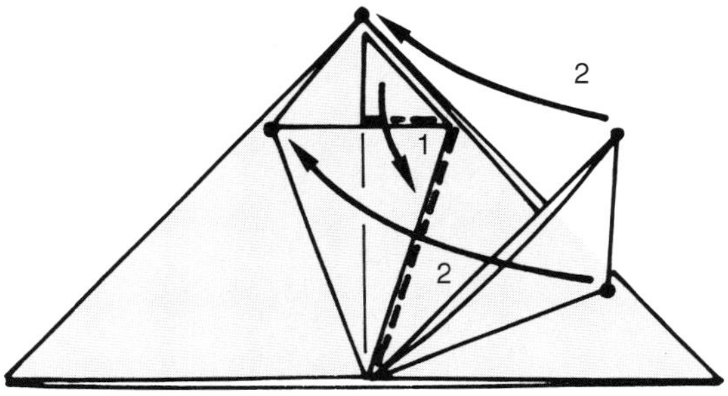

6 rabattre la languette centrale puis plier la partie droite vers le haut en joignant les points

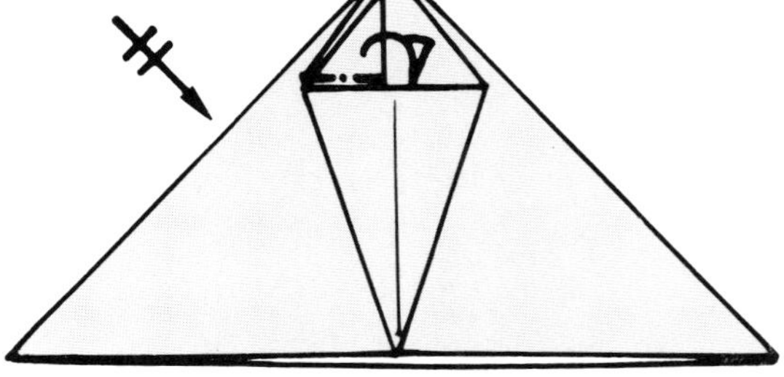

7 rentrer la languette sous les autres épaisseurs, répéter de l'autre côté les étapes 3 à 7

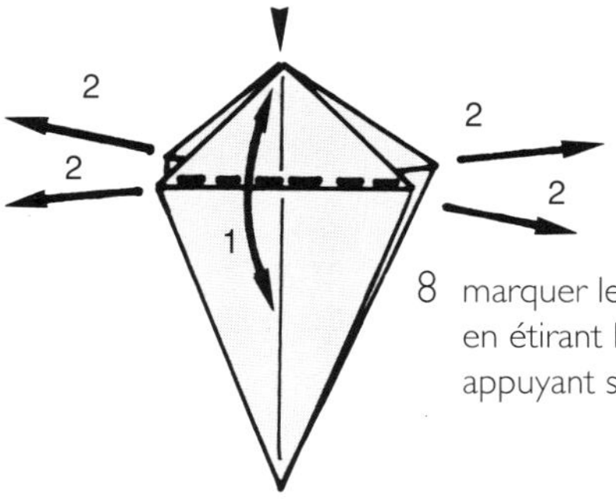

8 marquer le pli puis mettre en volume en étirant les côtés opposés et en appuyant sur la pointe puis retourner

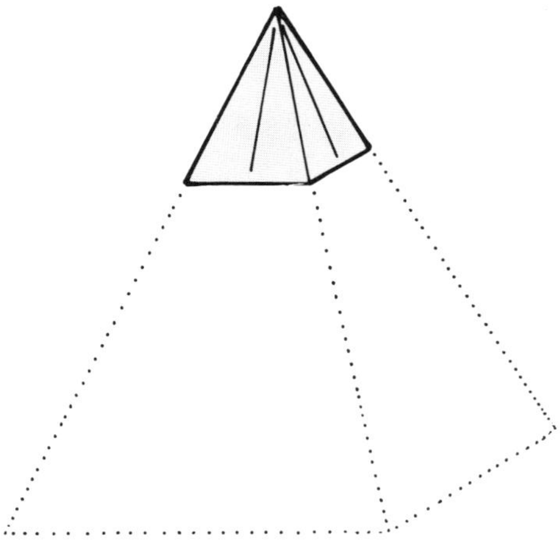

UNE PYRAMIDE. L'édifice s'achève avec cette troisième pièce pour former une pyramide. L'ensemble doit son originalité à la pureté des formes qui s'empilent les unes sur les autres comme par magie.

POT À CRAYON

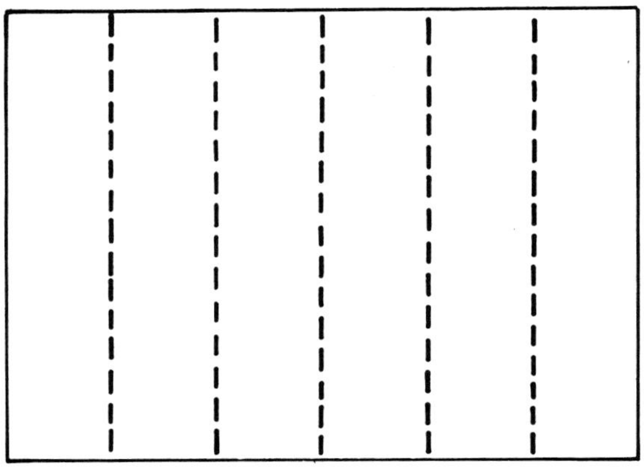

1 diviser en trois puis en six parties égales une feuille A4 (voir p. 5)

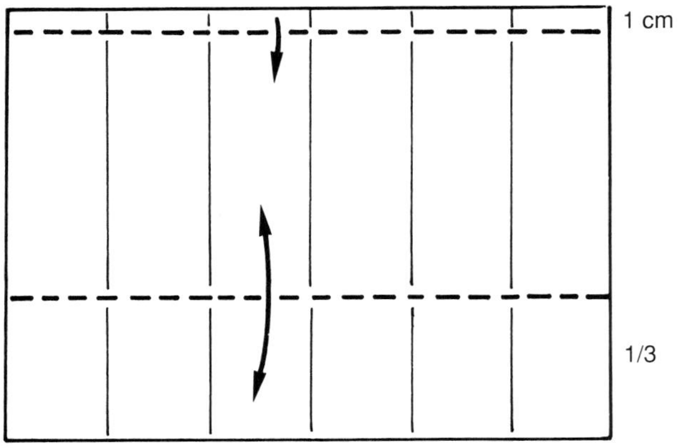

2 rabattre un bord d'un centimètre environ puis marquer le tiers à la base

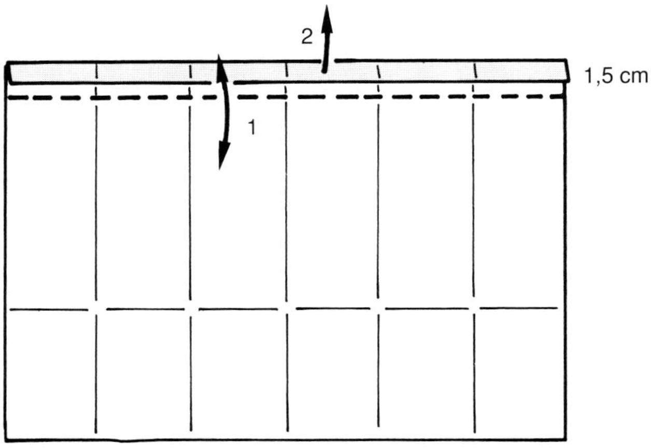

3 marquer une autre bande d'un centimètre et demi environ puis déplier complètement

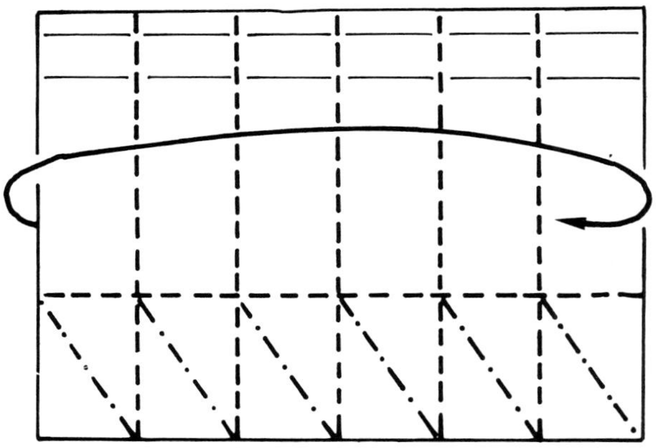

4 à la base, marquer les diagonales des rectangles puis enrouler en juxtaposant deux bandes, former le pentagone de la base en mettant dans ses plis le volume

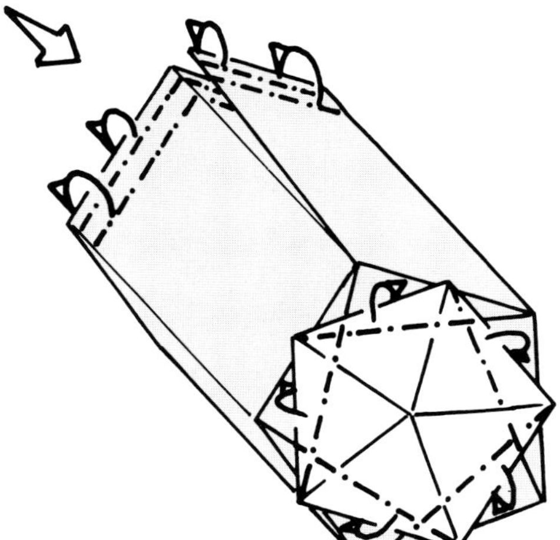

5 sur la partie supérieure rabattre à l'intérieur le petit bord puis le second à la base, replier chaque côté du pentagone pour bloquer l'ensemble

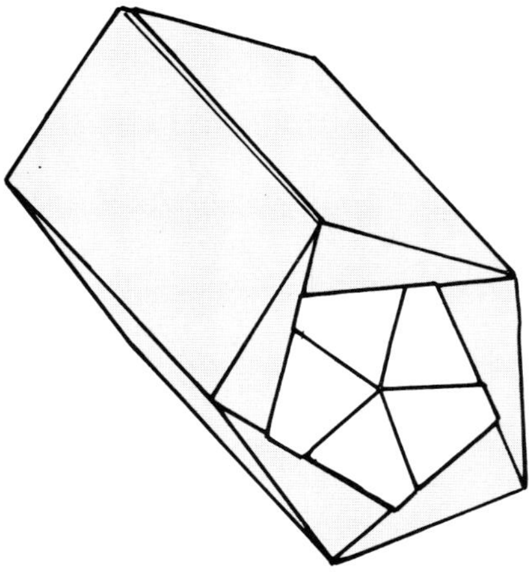

6 comme ceci puis lester le fond de la boîte avec du sable ou de petites billes

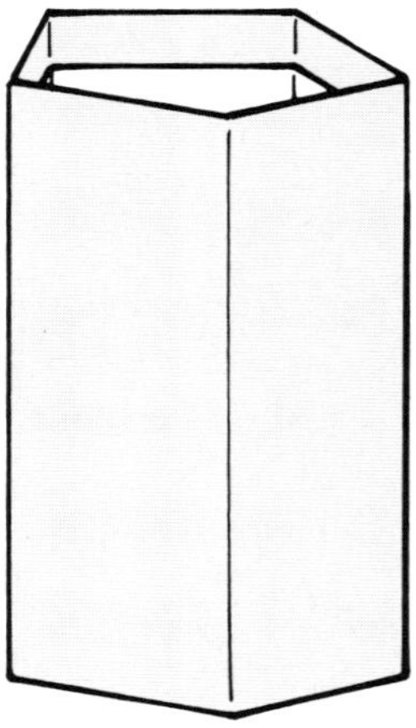

À DESSEIN. Ce modèle est dédié au créateur japonais Shuzo Fujimoto qui a réalisé de nombreux pliages géométriques comme celui-ci. Ce pot à crayon, une fois lesté, est bien pratique lorsqu'un enfant veut faire un beau dessin ou du coloriage.

MESSAGES EN TRIANGLE

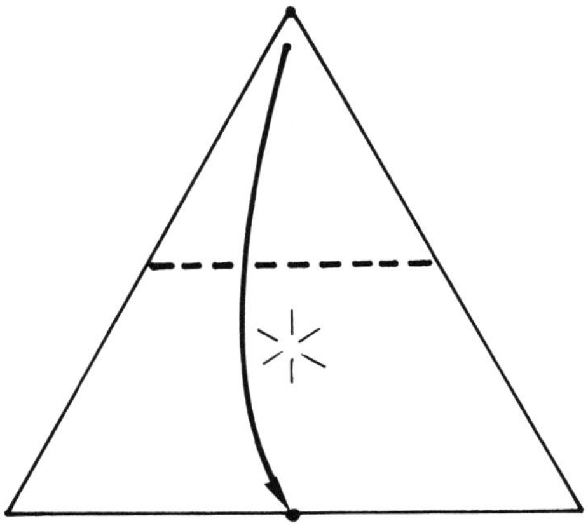

1 rabattre la pointe du haut sur le milieu du côté opposé d'un triangle équilatéral (voir p. 5)

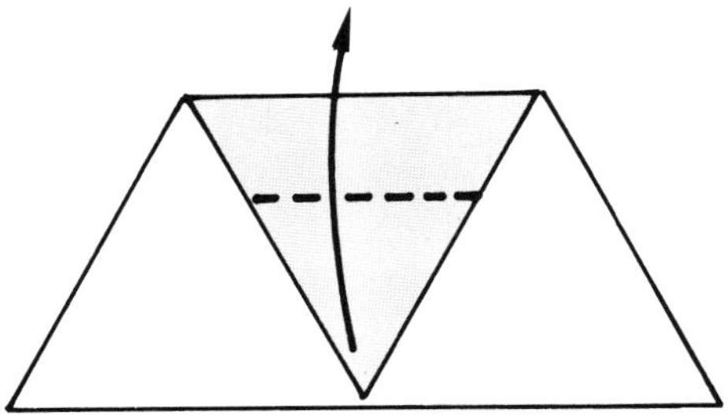

2 remonter le triangle au niveau du point central en restant parallèle aux bords

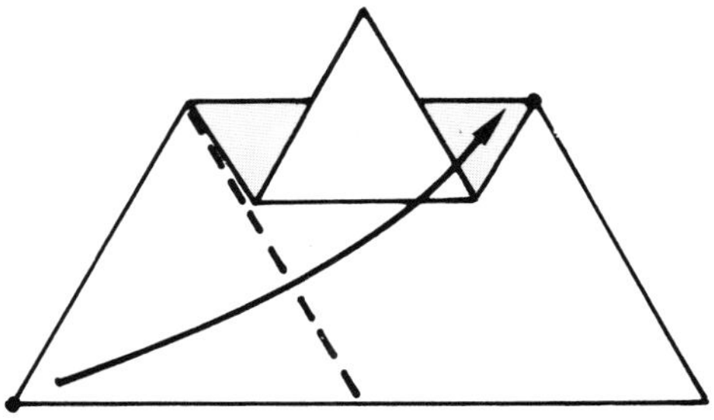

3 replier la pointe de gauche en joignant les points

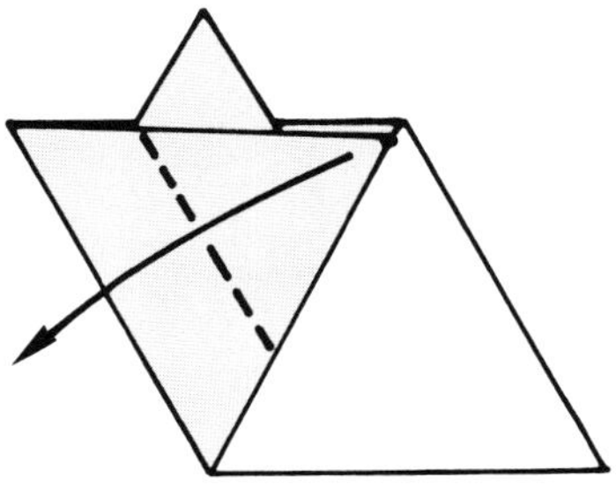

4 rabattre le triangle vers l'extérieur comme à l'étape 2

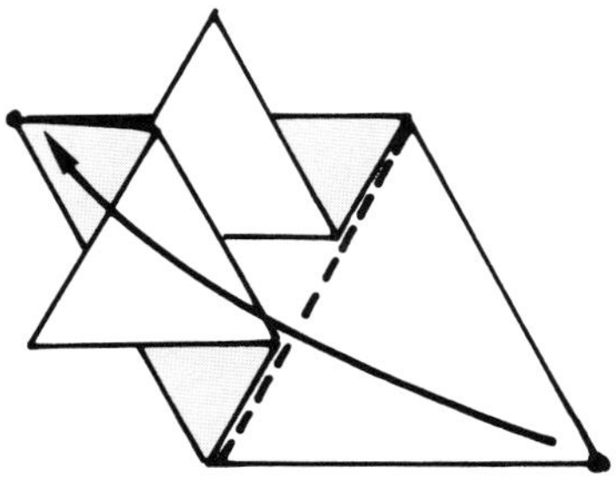

5 replier la dernière pointe

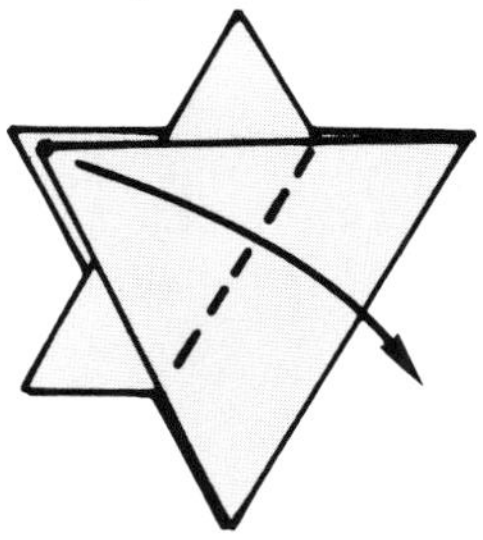

6 rabattre vers l'extérieur comme à l'étape 2

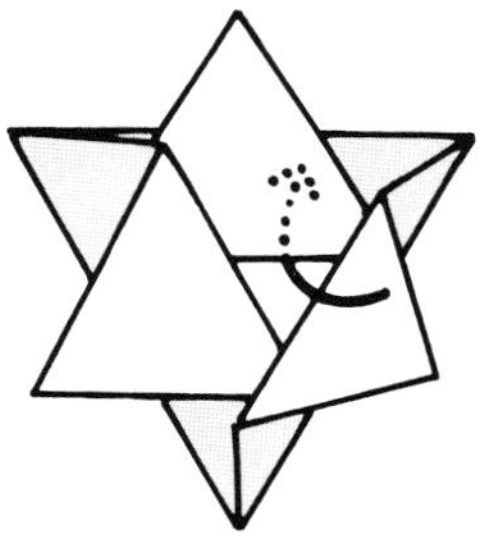

7 croiser les triangles dessus-dessous

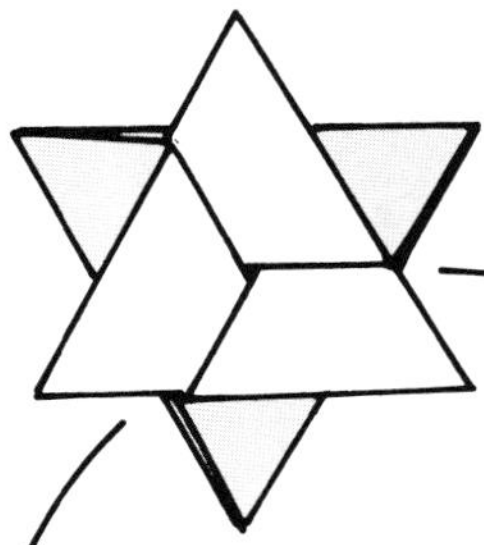

8 comme ceci en étoile

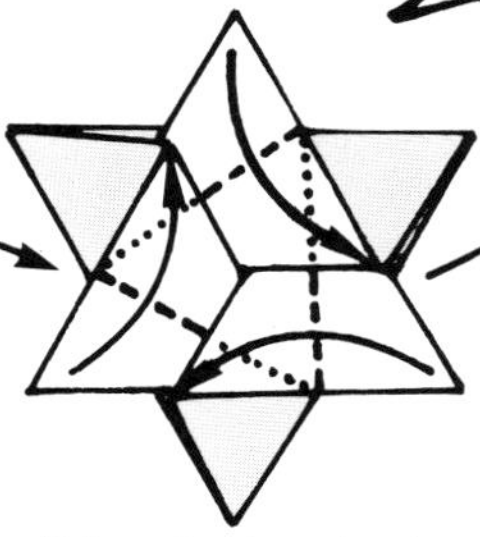

9A plier les triangles du centre en deux

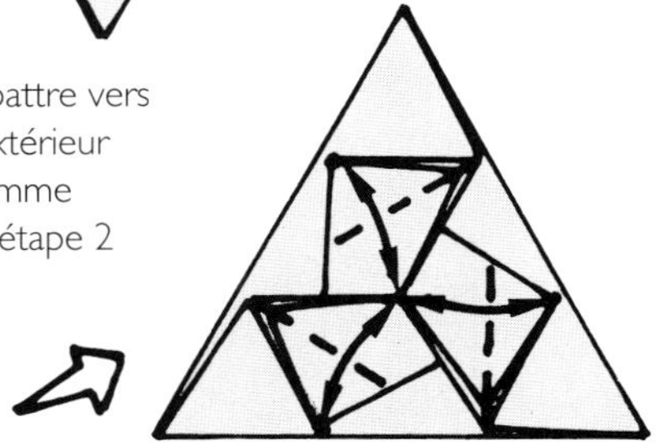

10A marquer les plis

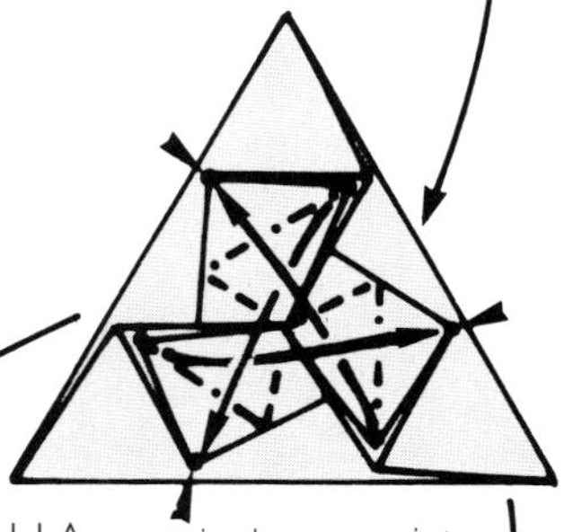

11A ouvrir chaque pointe

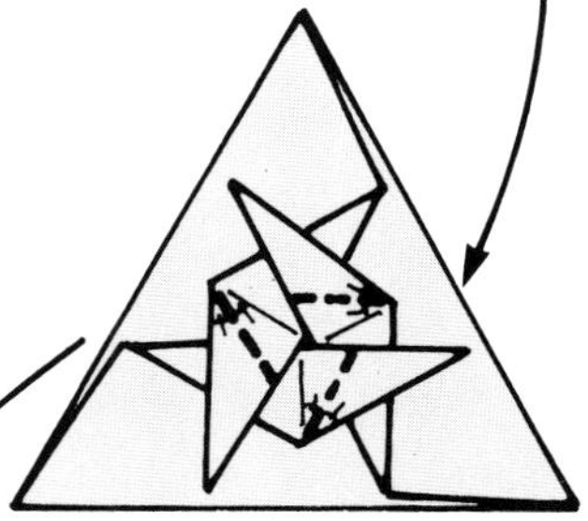

12A croiser les pointes au centre le long des plis marqués

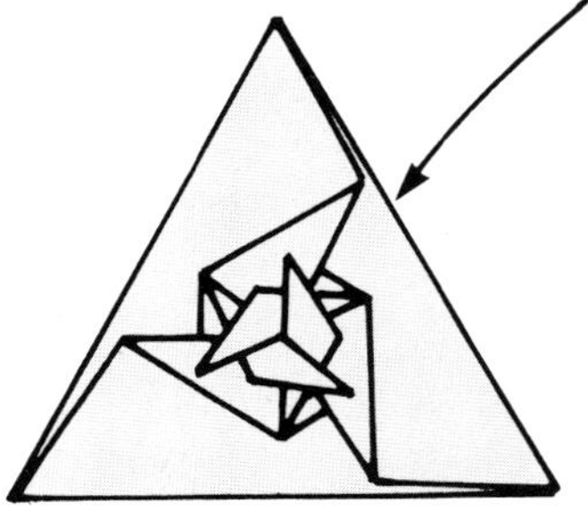

13A on peut continuer le même pliage

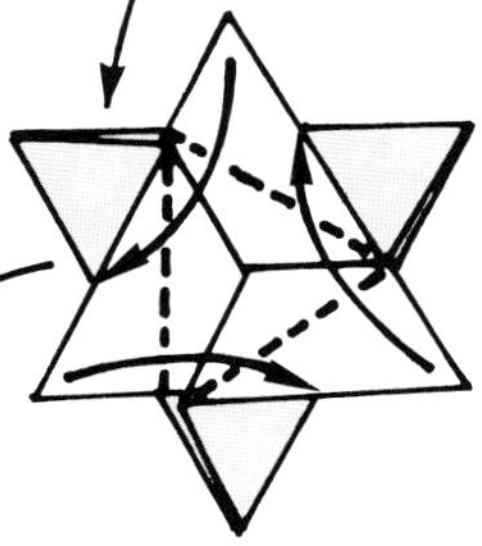

9B plier en deux chaque triangle

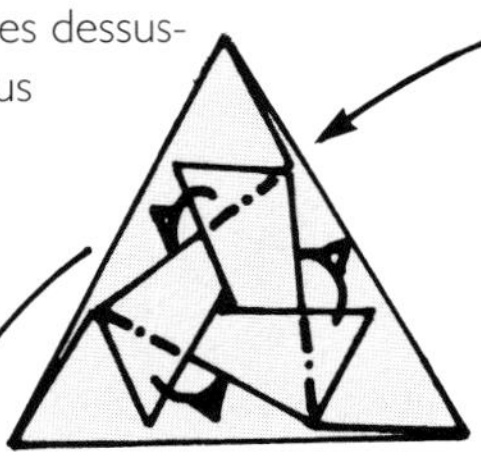

10B rabattre derrière les pointes qui dépassent

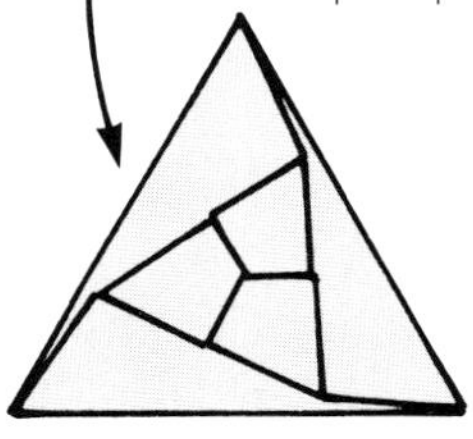

11B comme ceci en triangle

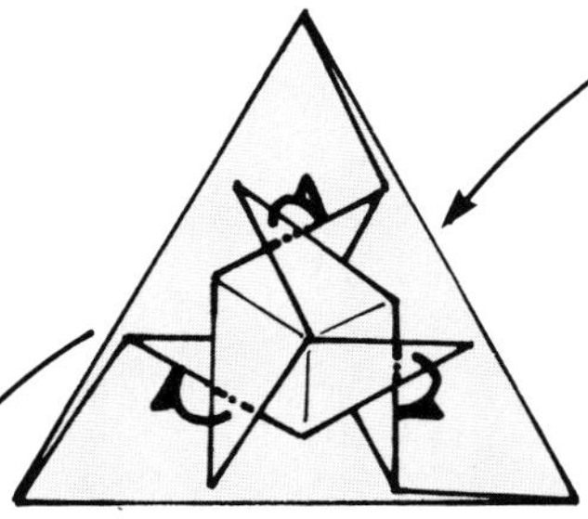

12C rabattre derrière les pointes qui dépassent

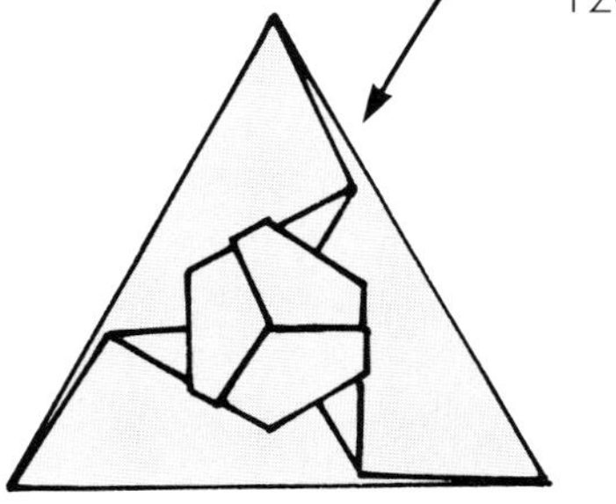

13C comme ceci en hexagone

DES IMPRESSIONS. Le triangle est une forme qui engendre des configurations géométriques étonnantes : certaines se replient à l'identique sur elles-mêmes. Quelques mots sont écrits avant le pliage pour être ensuite envoyés dans un courrier.

LETTRE ENVELOPPE

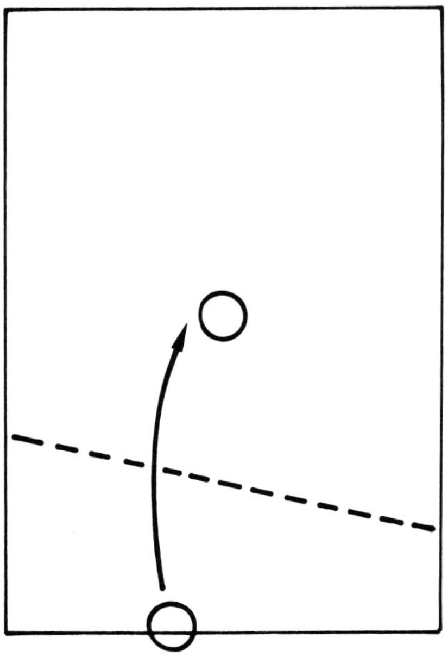

1 format initial A4 - plier en biais de façon à arriver à peu près au centre de la feuille

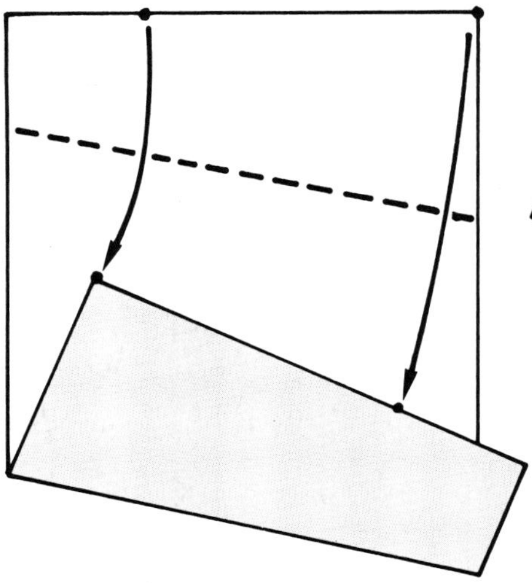

2 rabattre le haut le long du bord central en joignant les points

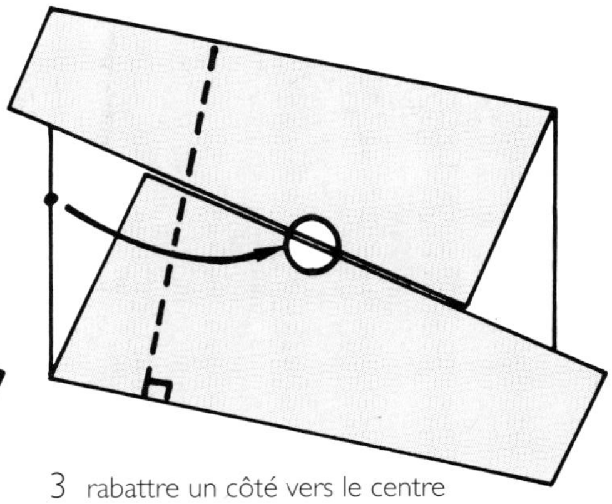

3 rabattre un côté vers le centre

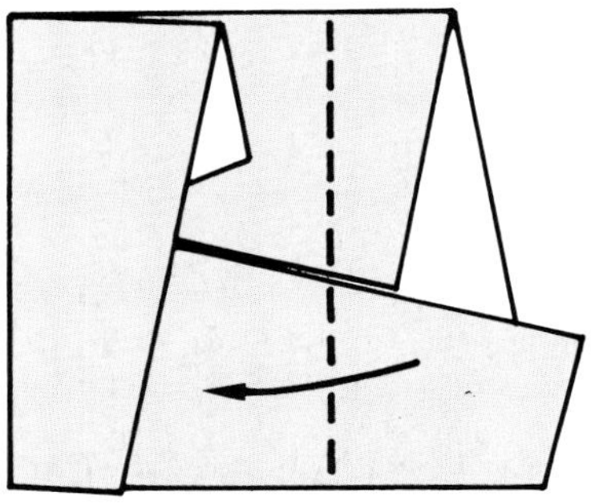

4 puis l'autre côté le long du précédent

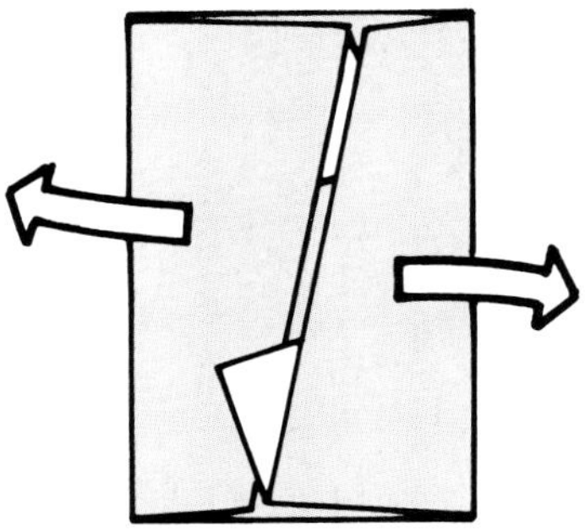

5 déplier les deux battants

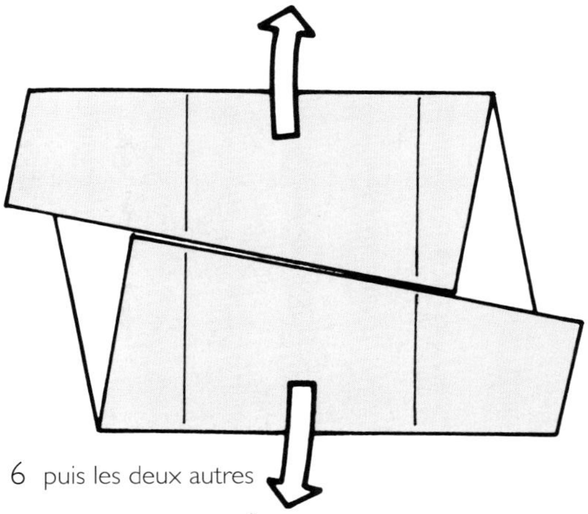

6 puis les deux autres

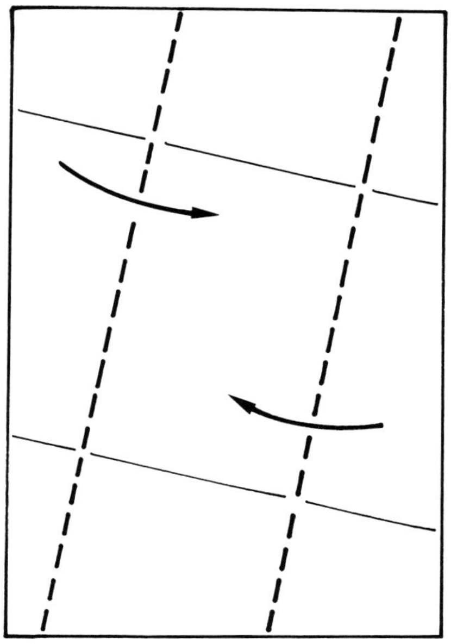

7 replier les côtés selon les plis marqués

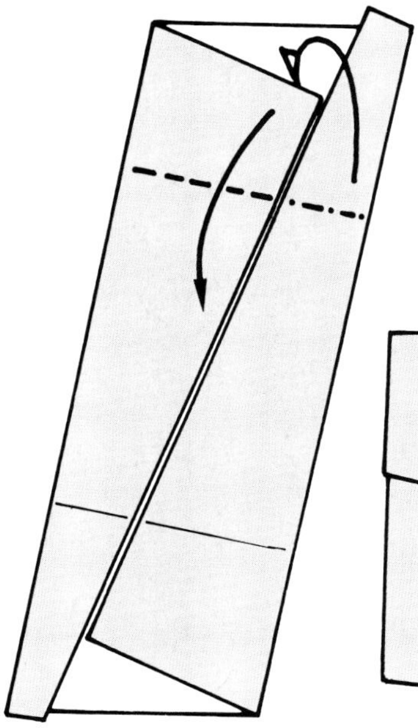

8 plier le haut en ouvrant puis en rabattant le pan droit à l'intérieur

9 plier de la même façon le bas

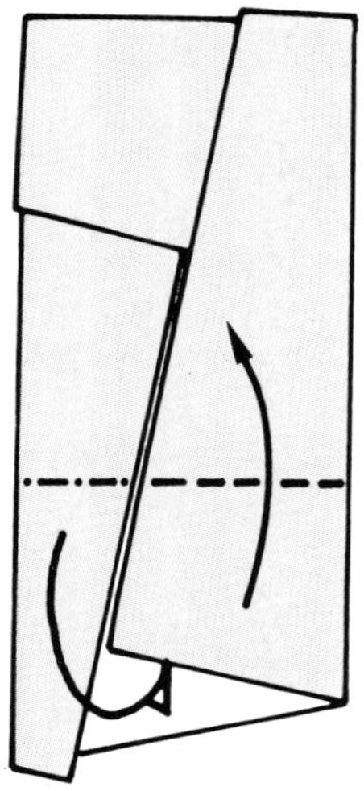

10 puis retourner

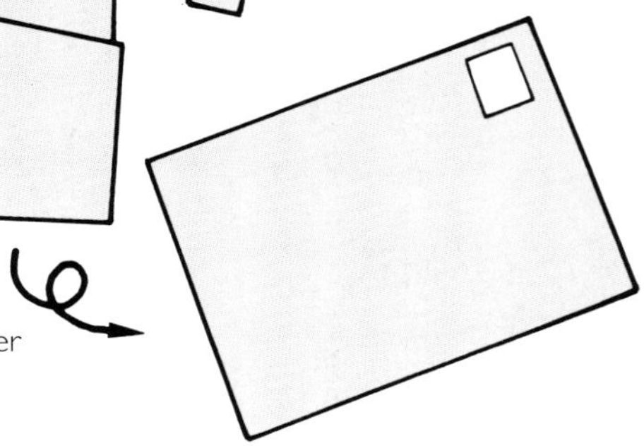

LA CORRESPONDANCE. Les amoureux des beaux papiers auront plaisir à écrire puis à fermer leur courrier par quelques plis. Un cachet à la cire personnalisé, placé au verso, donnera la touche finale.

BOÎTE CUBE

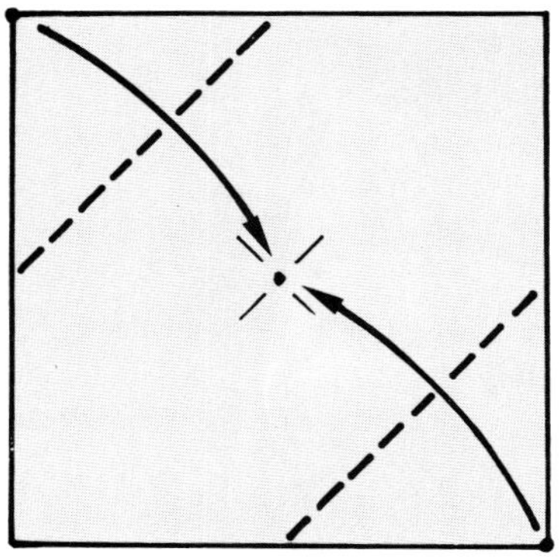

1 dans un carré joindre deux angles opposés jusqu'au centre

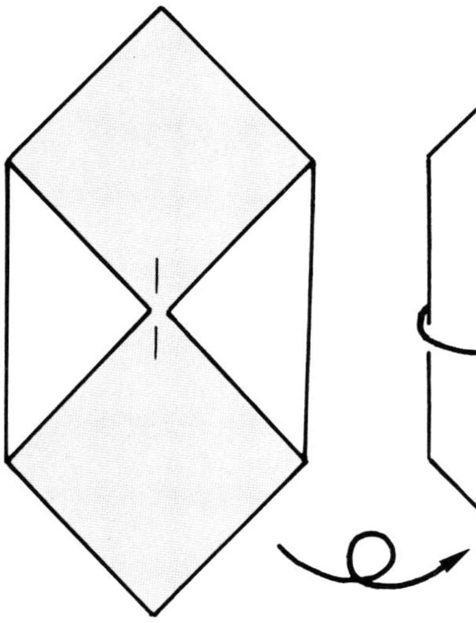

2 comme ceci puis retourner

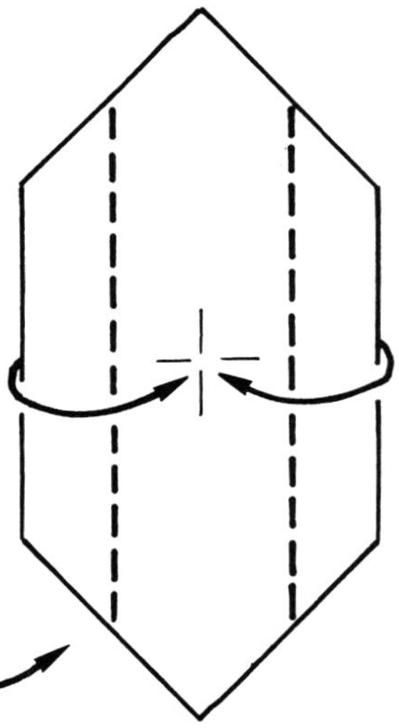

3 rabattre les côtés en dégageant les pointes

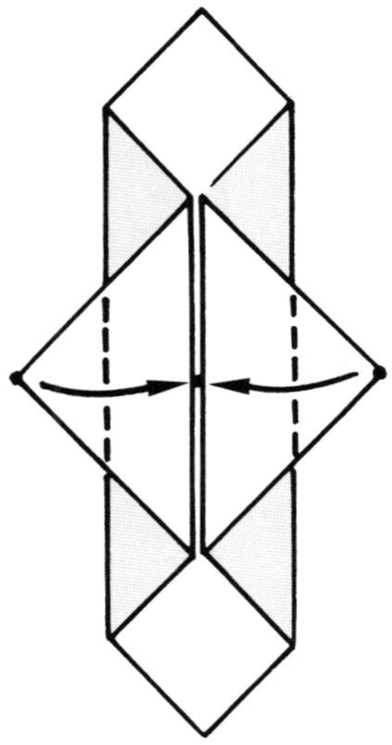

4 plier les côtés en joignant les points

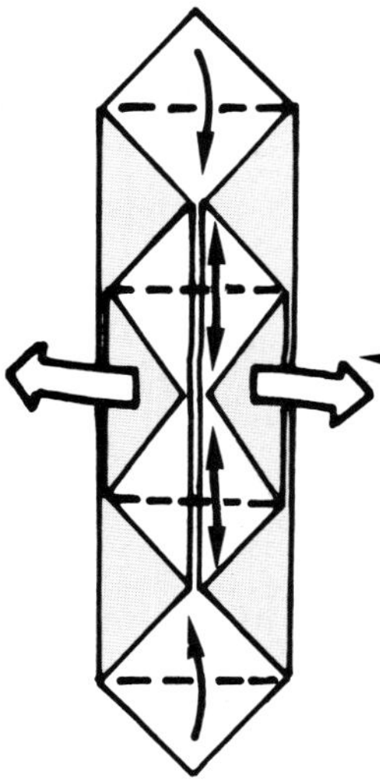

5 marquer les plis puis déplier complètement

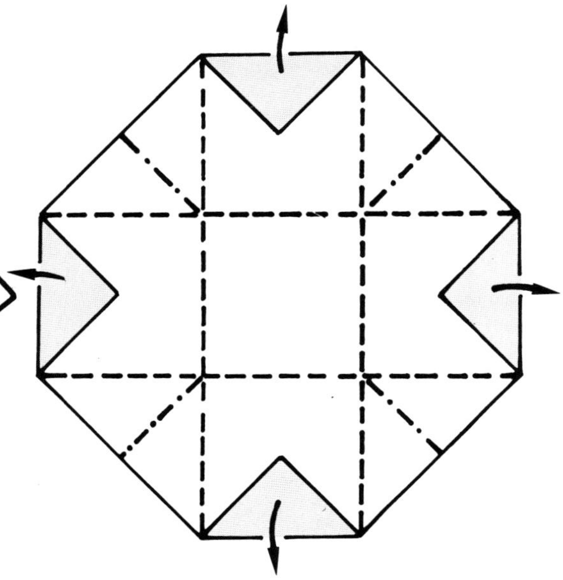

6 déplier les quatre angles puis mettre en volume en ayant marqué les plis dans le bon sens

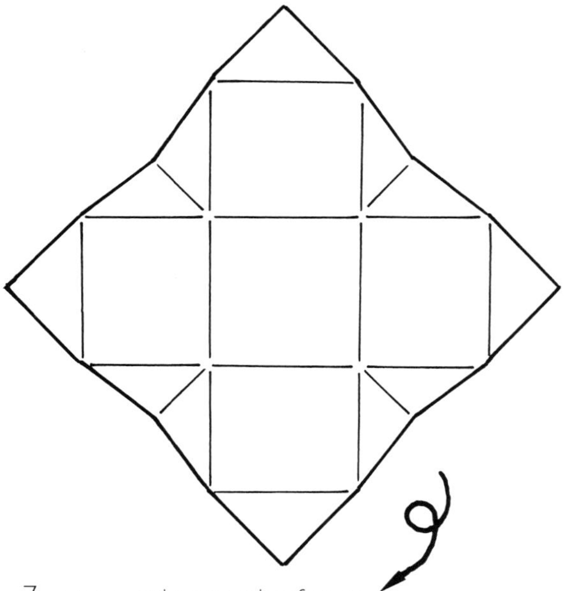

7 comme ceci pour venir refermer et retourner

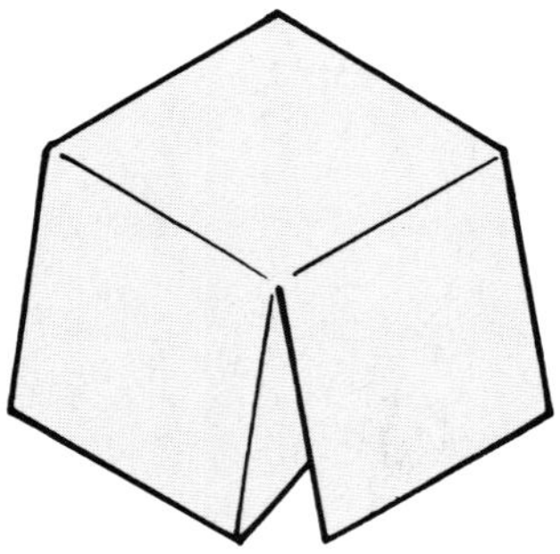

8 comme ceci puis plier un autre carré comme le premier

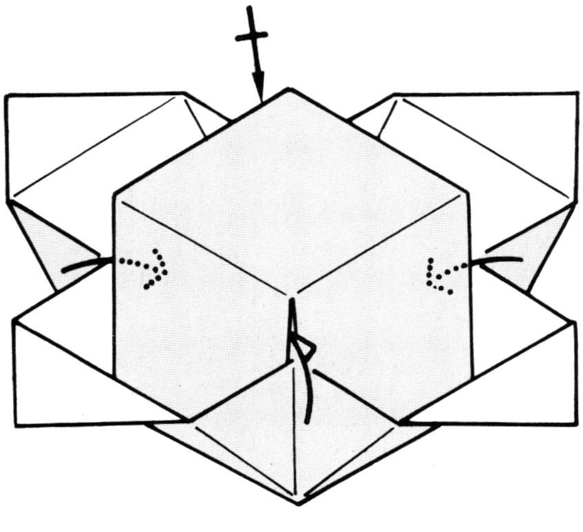

9 placer le deuxième pliage en dessous et poser le premier au centre, emboîter le surplus de papier dans les arêtes verticales du volume

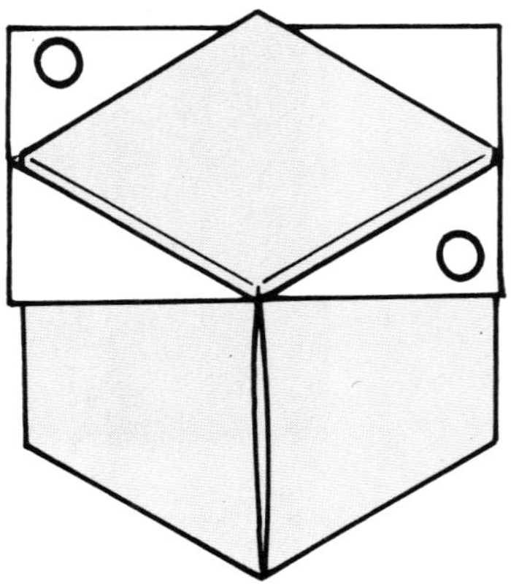

10 pour ouvrir, tirer deux languettes opposées comme indiqué

Des pétales. La magie de cette boîte réside dans son mode d'ouverture et de fermeture. En tirant sur deux pétales opposés, le cube s'ouvre en se dépliant et fait apparaître ce que vous avez placé à l'intérieur.

CRAYON-ÉTUI

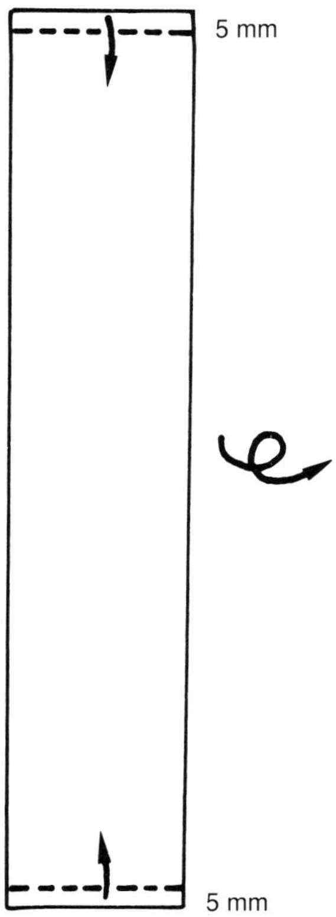

| format initial | x 5 (30 cm x 6 cm)- rabattre 5 mm environ puis retourner

2 plier en joignant les points à partir du milieu

3 rabattre l'autre côté

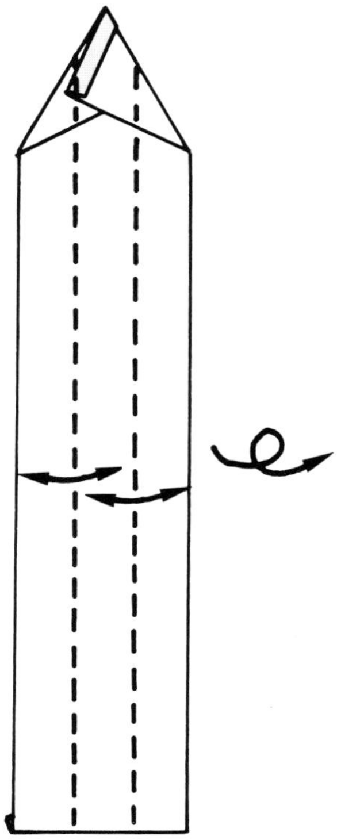

4 marquer les plis verticaux au tiers puis retourner

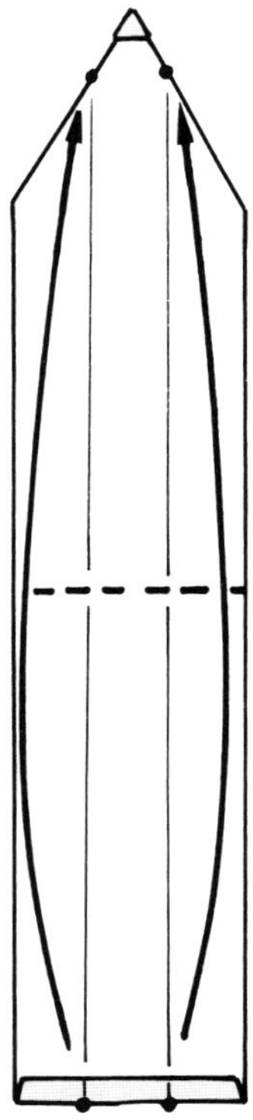

5 rabattre vers le haut en joignant les points

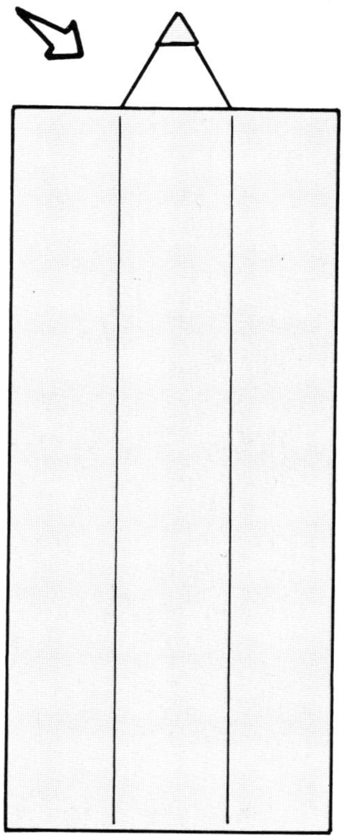

6 comme ceci puis retourner

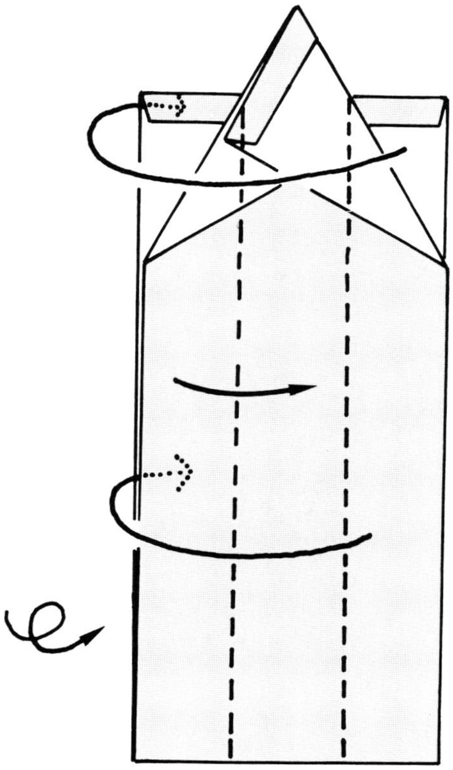

7 plier en trois en emboîtant les côtés l'un dans l'autre

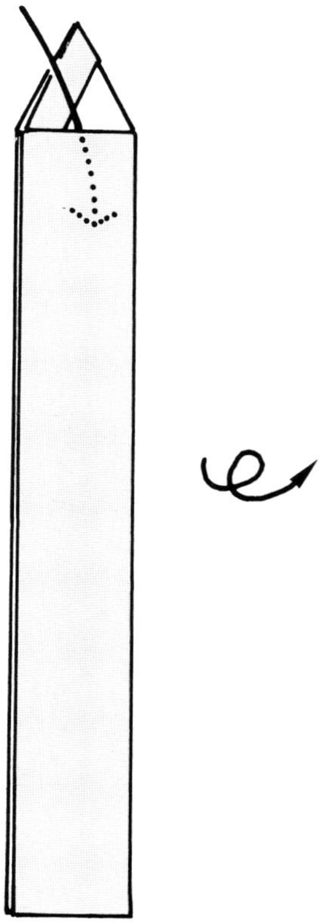

8 placer le stylo ou le crayon à l'intérieur puis retourner

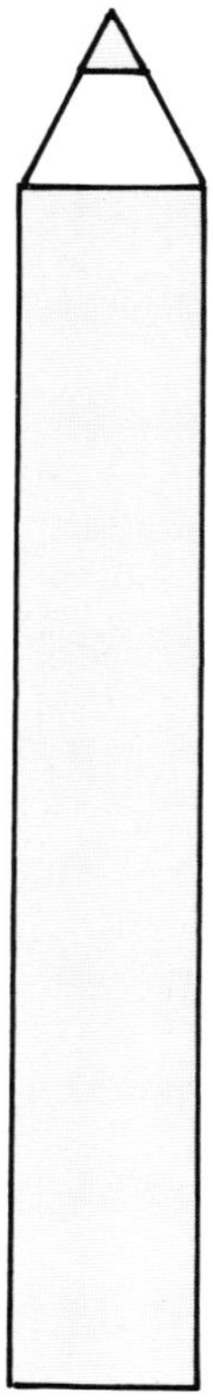

LES CRAYONS DE PAPIER. Ces petits crayons de couleur, confectionnés dans des papiers colorés sur une face, amuseront petits et grands. Ils servent d'étui-cadeau à de simples stylos-bille. Les plus malins les utiliseront aussi comme marque-page.

CARTE DE NOËL

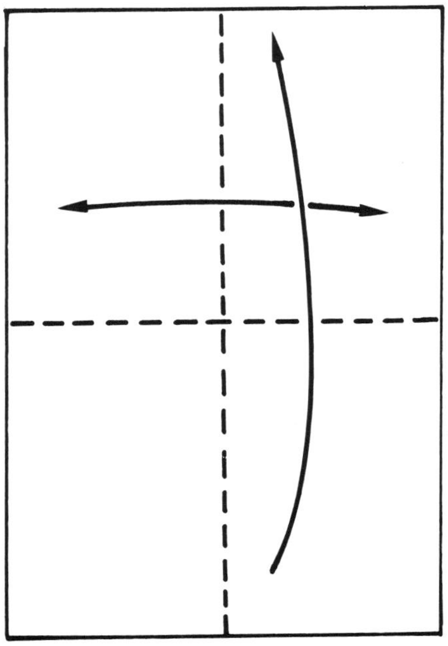

1 format initial A4 - marquer la verticale puis plier en deux vers le haut

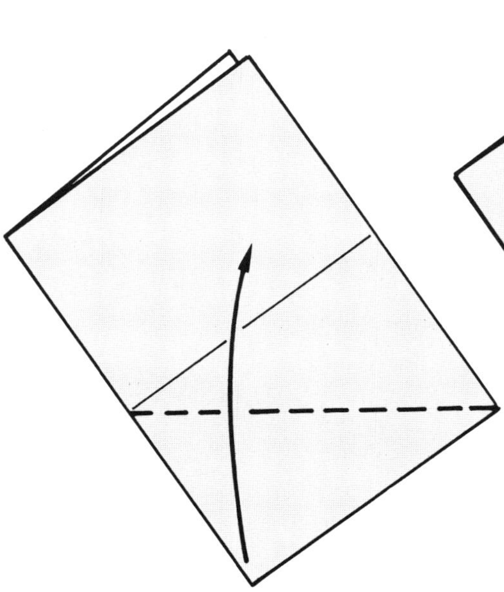

2 rabattre la double épaisseur selon la diagonale du rectangle du bas

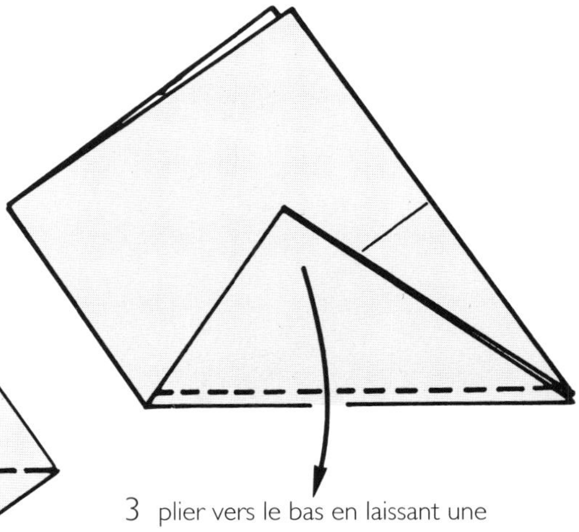

3 plier vers le bas en laissant une largeur d'environ 6 mm

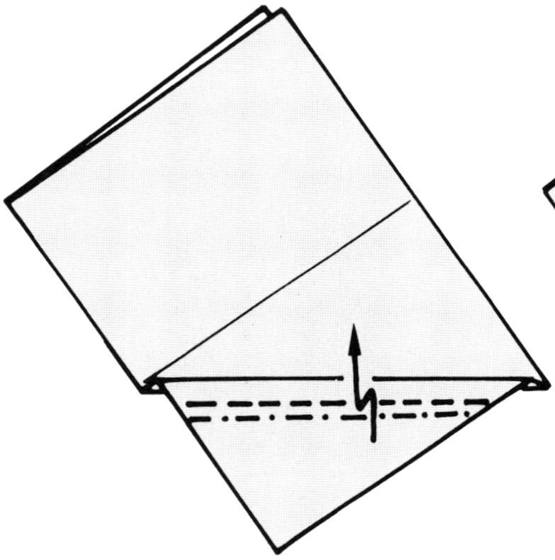

4 effectuer un repli de 12 mm et 6 mm environ

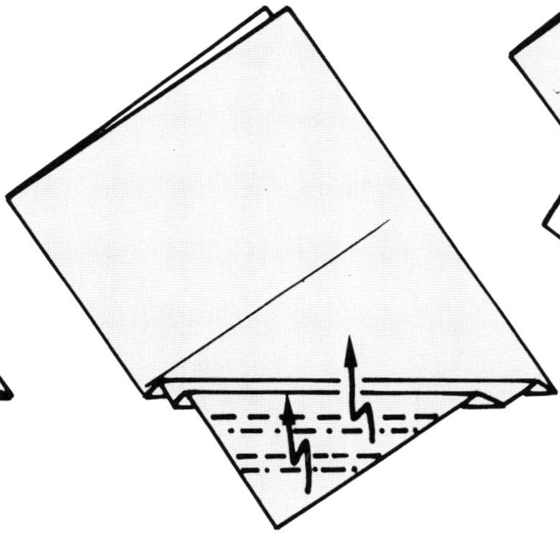

5 puis deux replis de mêmes dimensions que précédemment

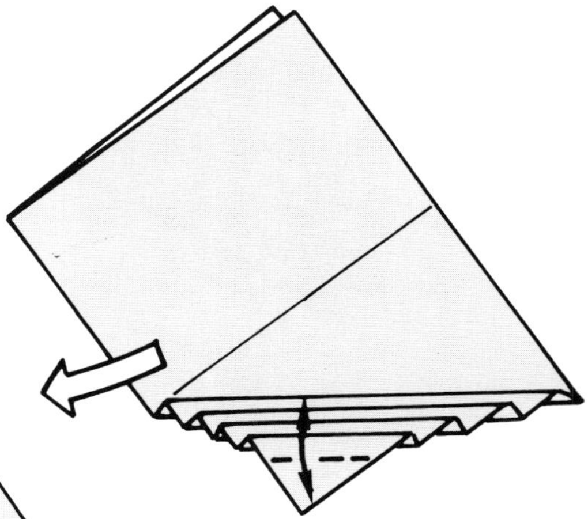

6 marquer le dernier pli de 12 mm puis déplier

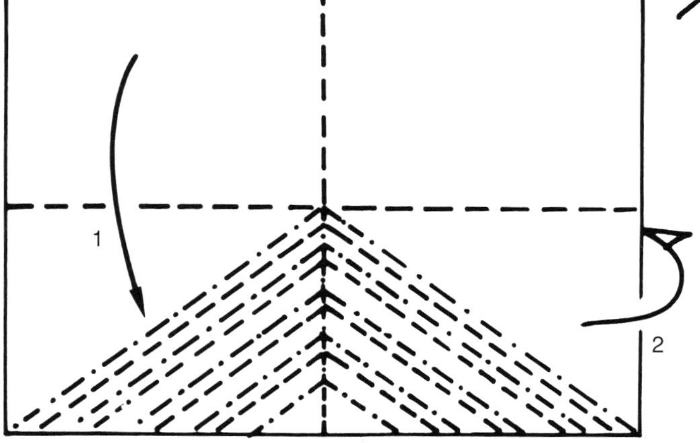

7 marquer les plis dans le bon sens puis rabattre le pli horizontal central et retourner l'ensemble

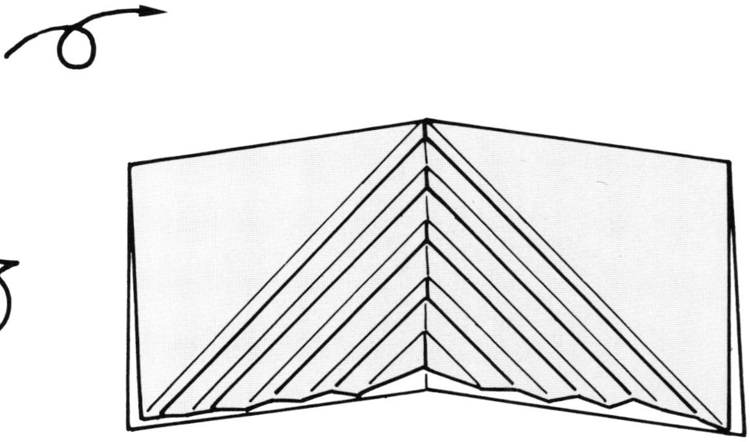

LA LUMIÈRE. Cette carte, travaillée en un plissé très dense, accroche la lumière en imprimant des zones d'ombre toujours changeantes. Prenez votre plume pour y inscrire ce que vous inspire le moment présent.

SUPPORT DE CARTE DE VISITE

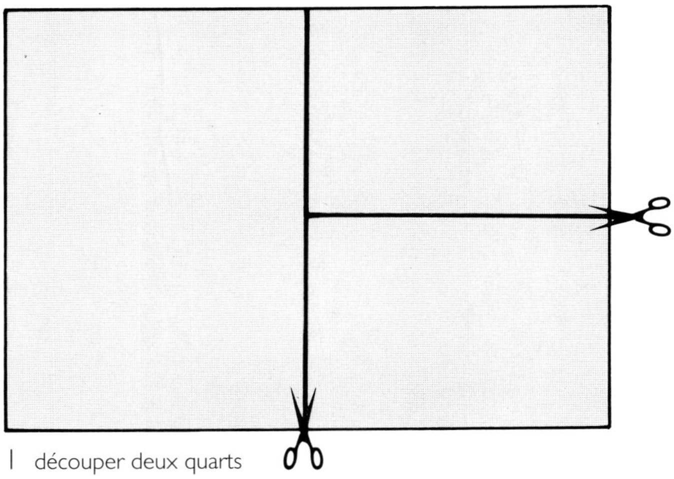

1 découper deux quarts
d'une feuille A4

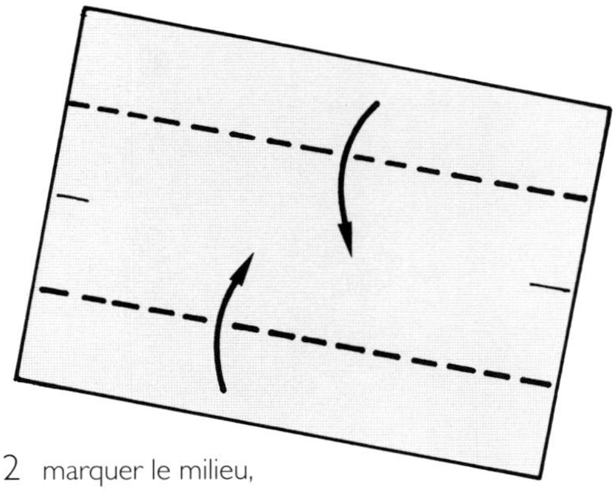

2 marquer le milieu,
puis plier les deux côtés
jusqu'au centre

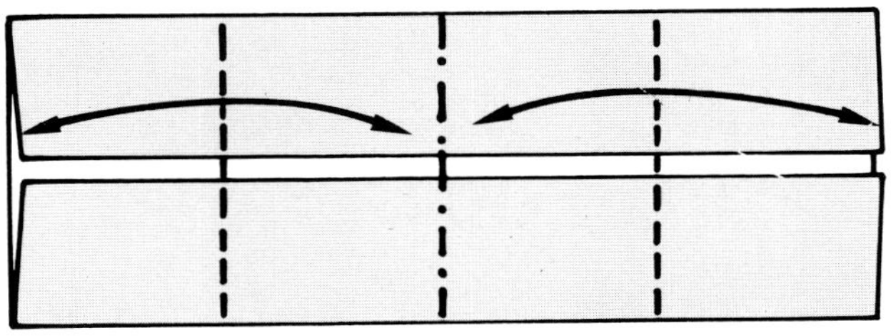

3 marquer le centre en pli «montagne»
puis marquer les côtés en les joignant au centre

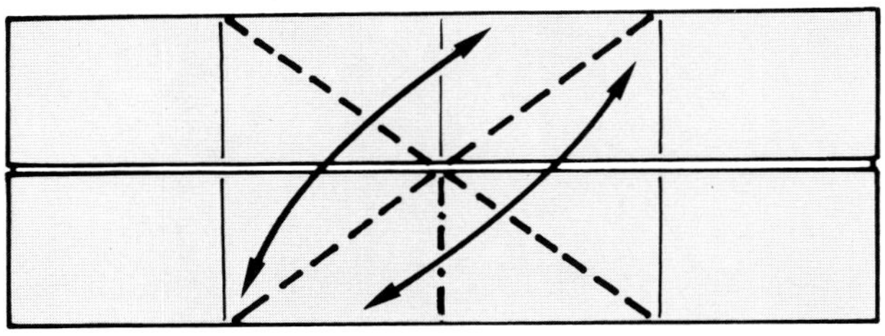

4 marquer les diagonales du rectangle central

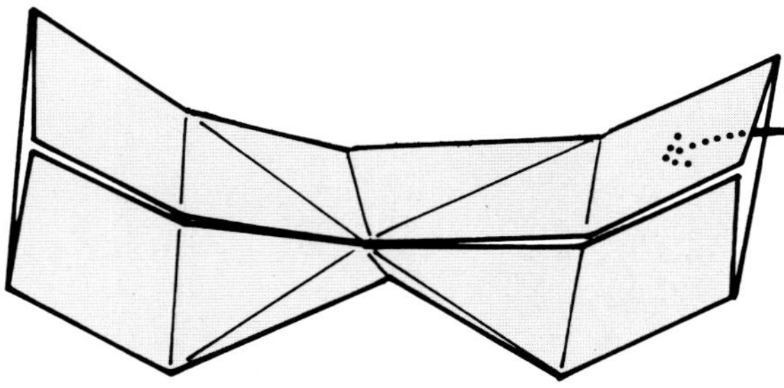

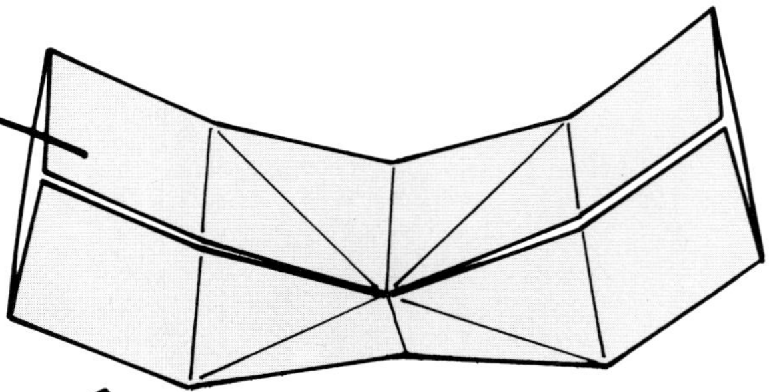

5 emboîter deux éléments l'un dans l'autre pour former
un carré central

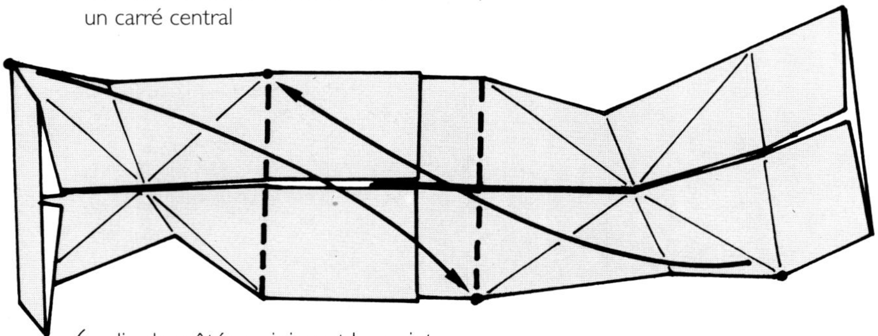

6 plier les côtés en joignant les points

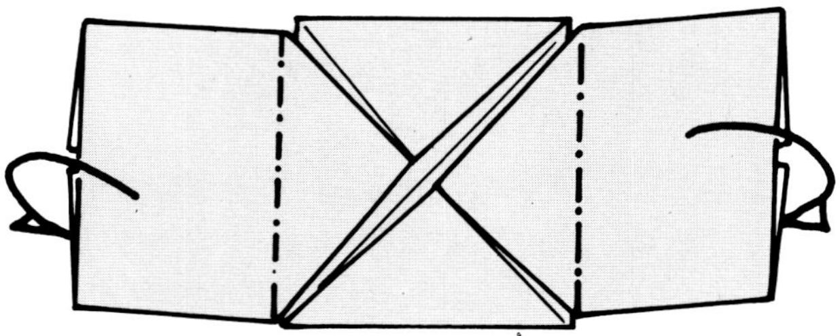

7 emboîter les deux
côtés derrière

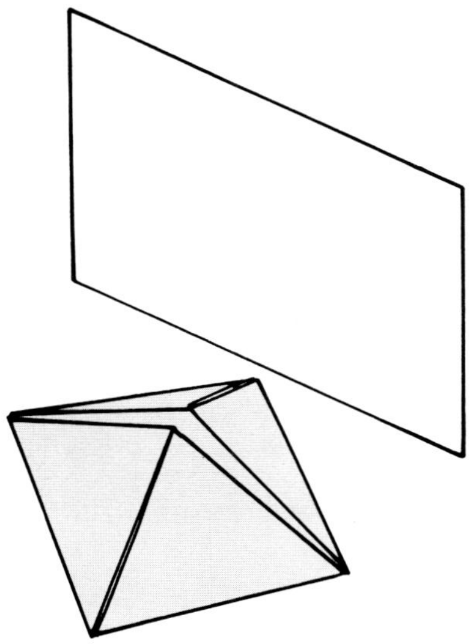

8 placer quelques cartes de visite au centre

LES BONNES ADRESSES. Précieux aide mémoire, les cartes de visite circulent de mains en mains . Hélas on passe son temps à les chercher partout... Un petit support pour conserver les bonnes adresses serait parfoisbien pratique...

CARTE DE VŒUX

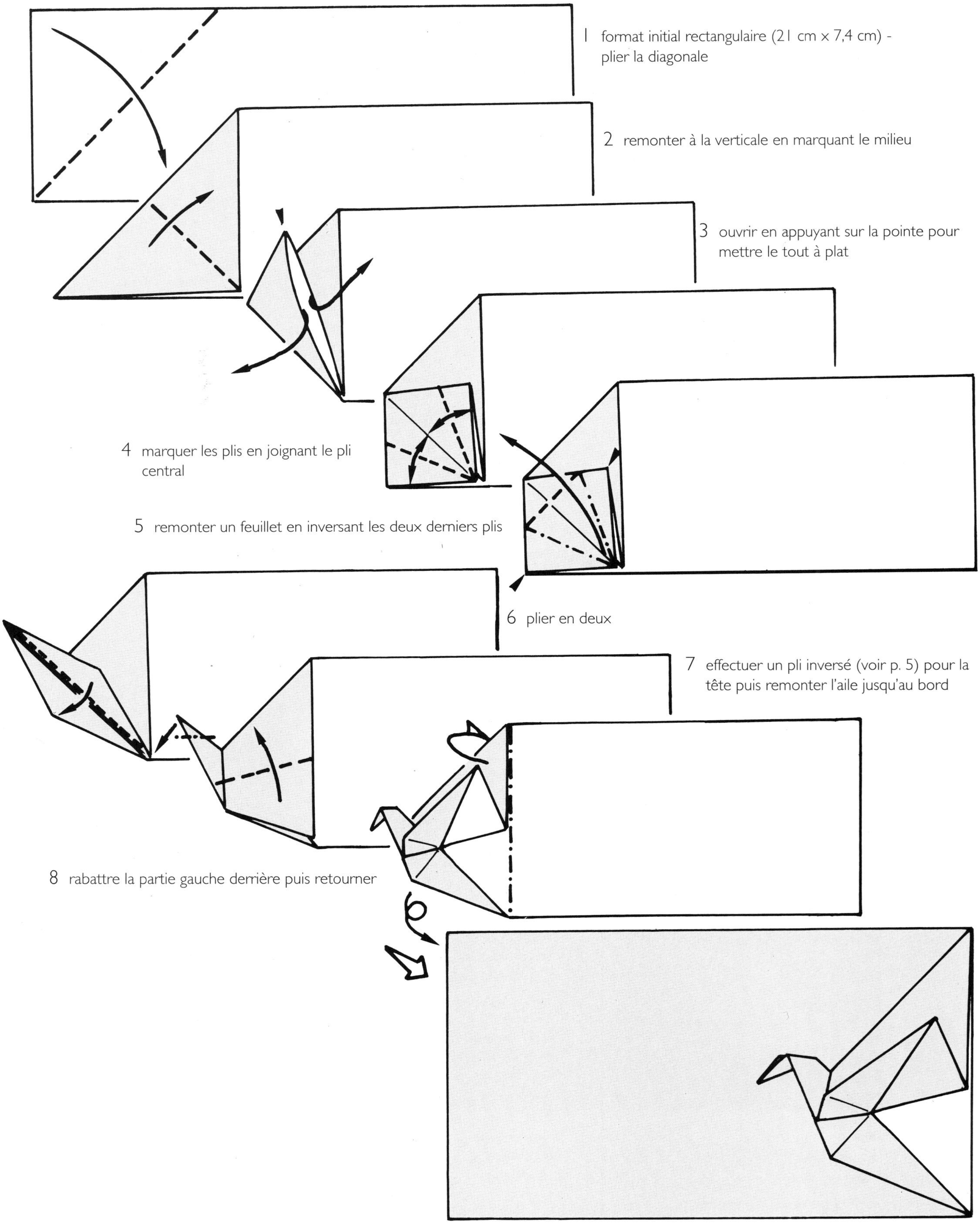

1 format initial rectangulaire (21 cm x 7,4 cm) - plier la diagonale

2 remonter à la verticale en marquant le milieu

3 ouvrir en appuyant sur la pointe pour mettre le tout à plat

4 marquer les plis en joignant le pli central

5 remonter un feuillet en inversant les deux derniers plis

6 plier en deux

7 effectuer un pli inversé (voir p. 5) pour la tête puis remonter l'aile jusqu'au bord

8 rabattre la partie gauche derrière puis retourner

LA CALLIGRAPHIE. Au jour de l'an, au Japon, on joue encore à ce jeu de cartes qui date de l'an 1 000 appelé «chansons de cent poètes». On envoie aussi des cartes de vœux. Celle-ci représente une grue porte-bonheur devenue symbole de paix.

BOÎTE RECTANGULAIRE

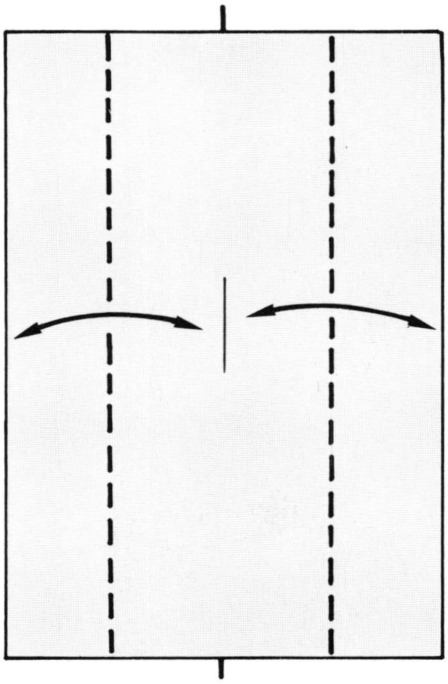

1 marquer au quart les verticales d'une feuille A4

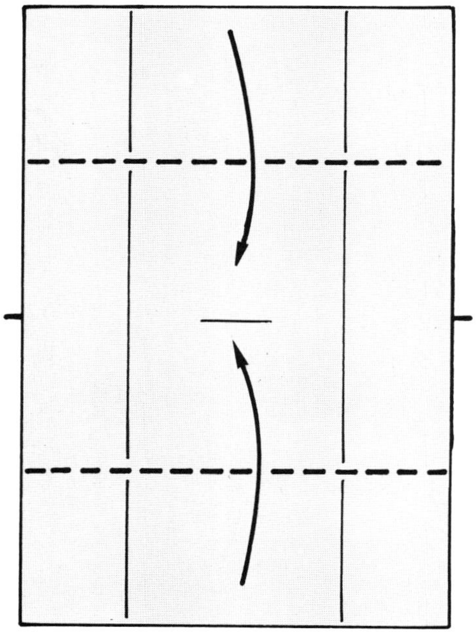

2 rabattre les deux autres côtés jusqu'au centre

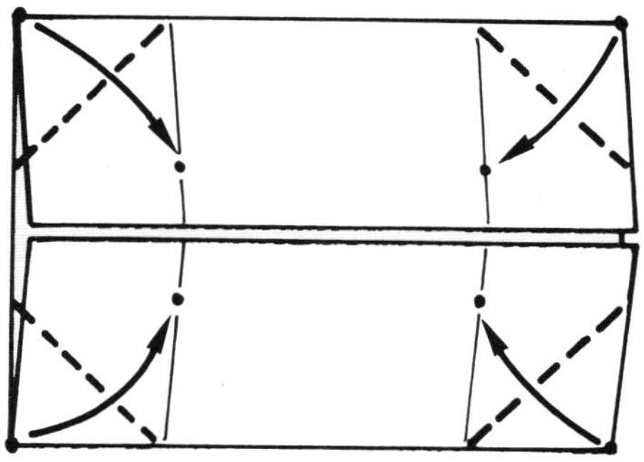

3 plier les quatre angles

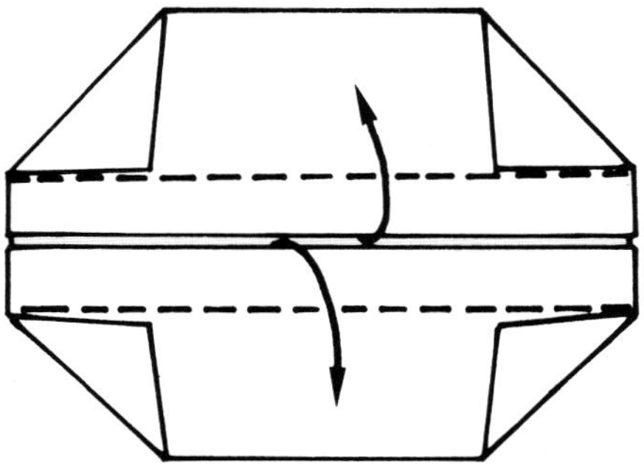

4 rabattre les bandes par dessus

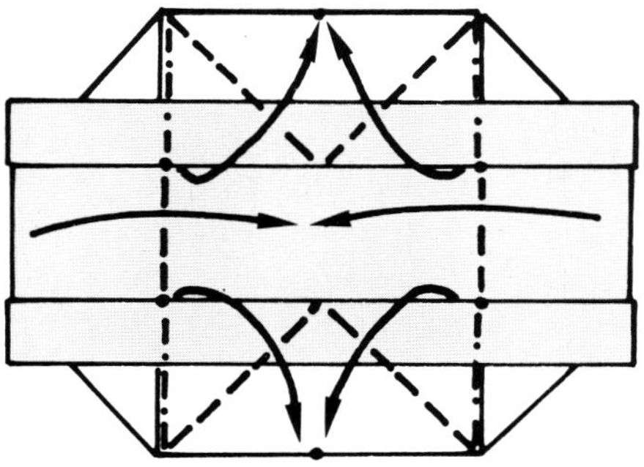

5 remettre à plat dans l'autre sens en suivant les indications

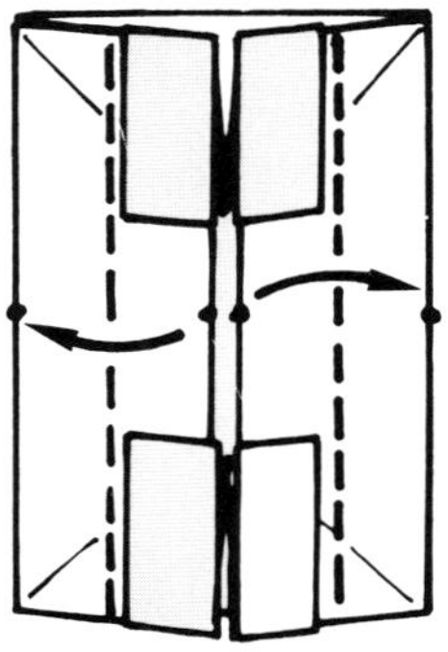

6 plier les bandes verticales vers l'extérieur

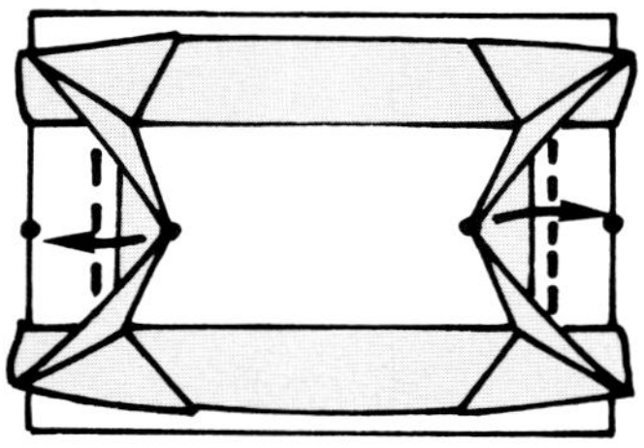

7 mettre à plat les petits côtés

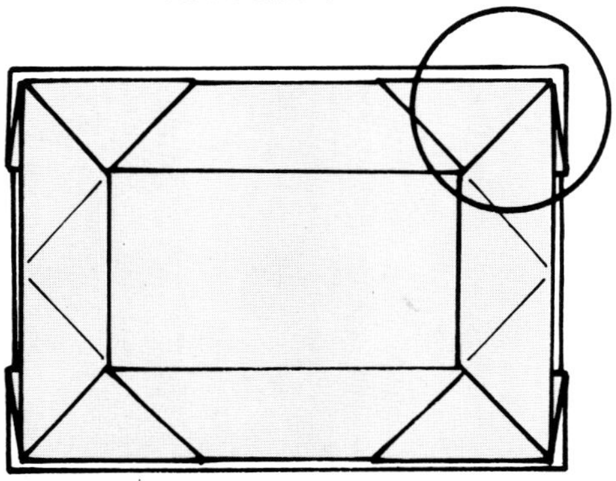

8 comme ceci

détail de l'angle

9 placer les pouces à l'intérieur et les index aux points indiqués puis tirer doucement en remontant les côtés, mettre ainsi en forme les quatre coins

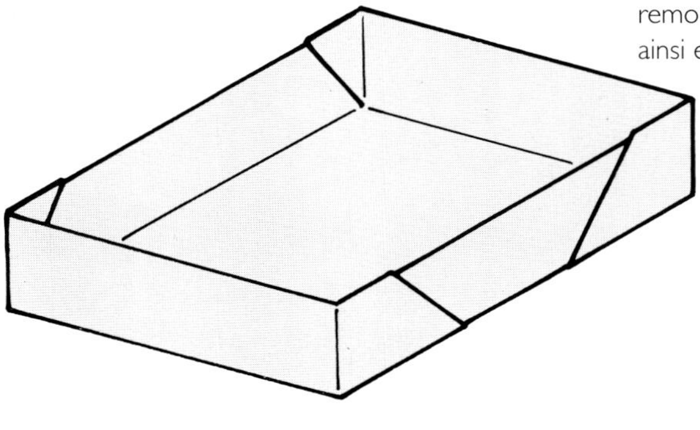

DES FRIANDISES. Tout le monde aime les bonbons et les chocolats. Disposez-en quelques uns dans cette boîte pour que chacun puisse se servir. Pour les protéger de la poussière, vous réaliserez le couvercle avec la même technique dans un papier légèrement plus petit.

CARTE D'INVITATION

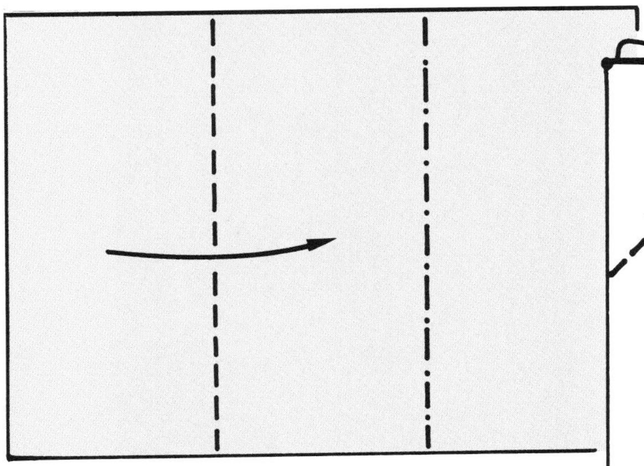

1 format initial A4 - marquer les plis au tiers puis rabattre le côté gauche

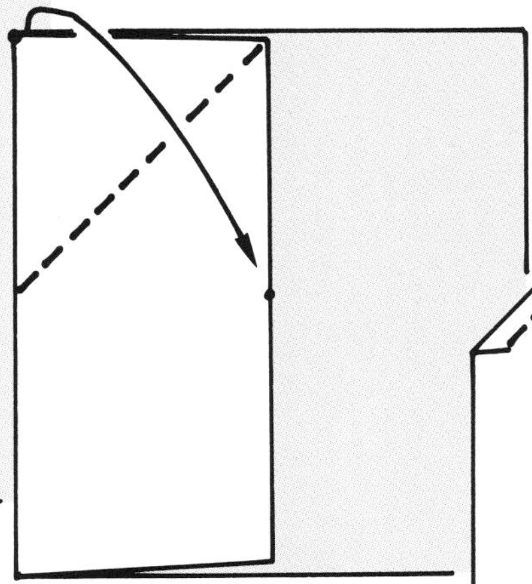

2 plier les deux épaisseurs en joignant les points

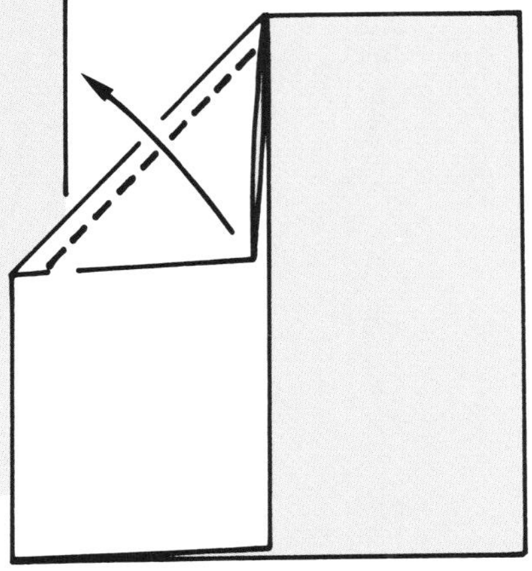

3 remonter le triangle en laissant une bande de 8 mm environ

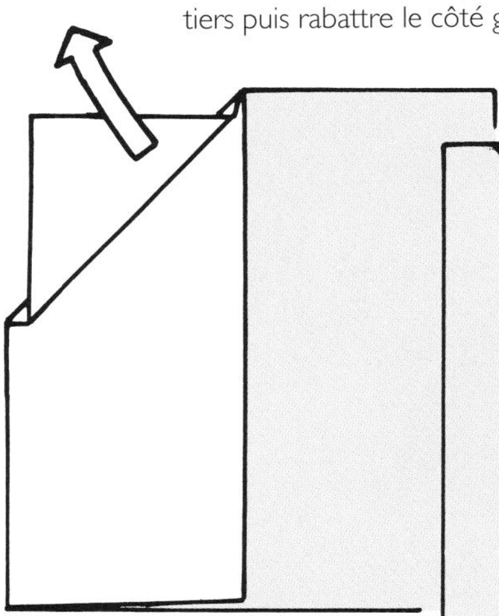

4 déplier le tout

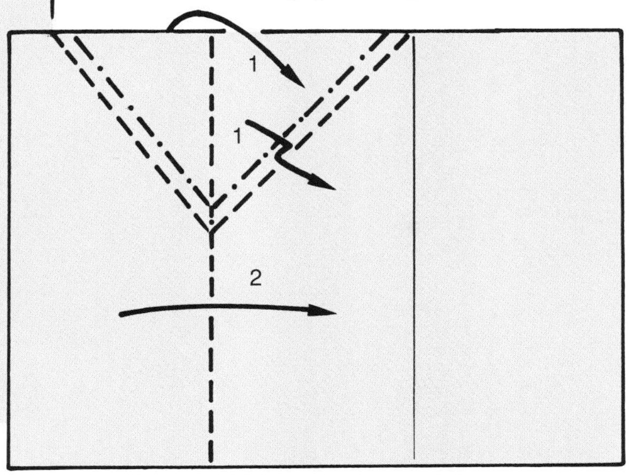

5 placer les plis dans le bon sens puis rabattre le côté gauche

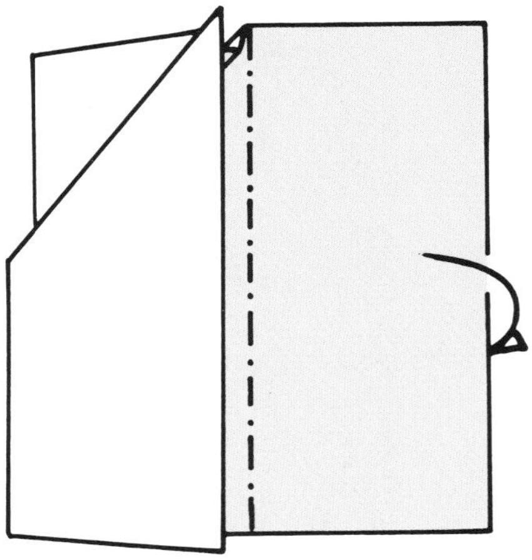

6 plier derrière le côté droit puis retourner

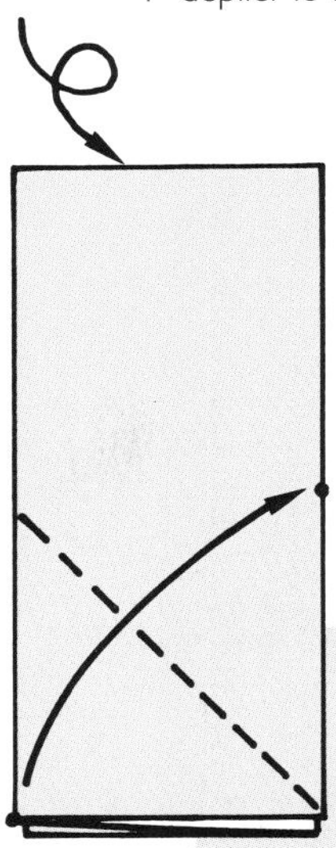

7 rabattre vers le haut deux épaisseurs

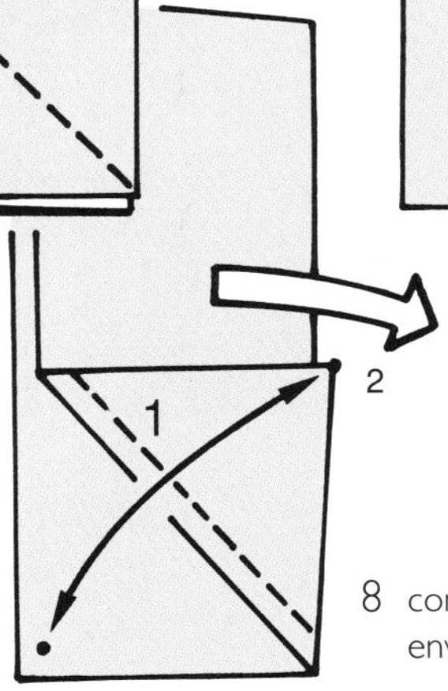

8 comme en 3, marquer le pli de 8 mm environ puis déplier

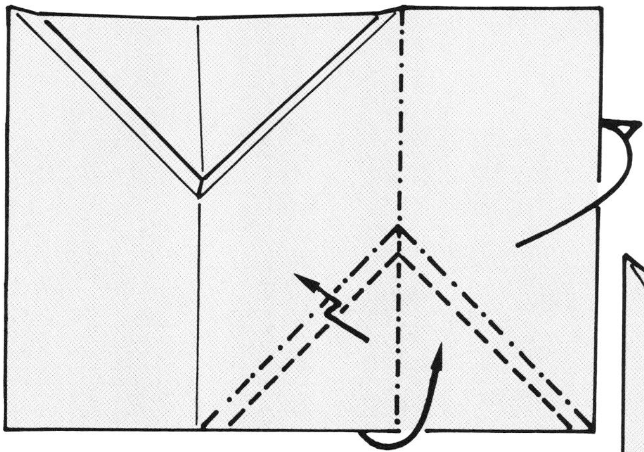

9 placer les plis du bas dans le bon sens puis rabattre le côté droit derrière en ouvrant

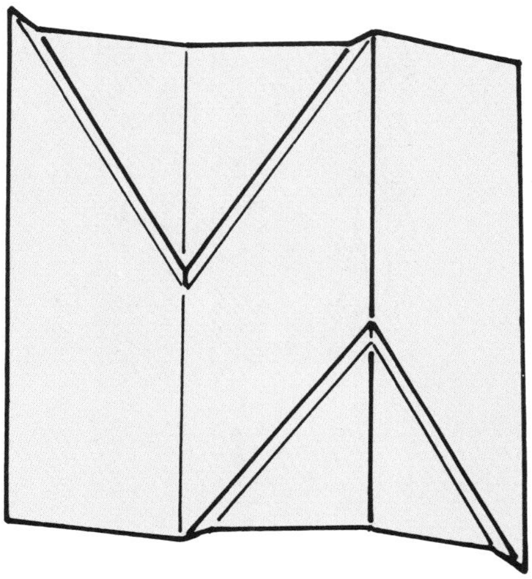

LE YIN ET LE YANG. Cette carte joue, comme le yin et le yang, de principes antagonistes et complémentaires : positif-négatif, vide-plein, haut-bas, dessus-dessous. Vous pourrez y inscrire vos réflexions et personnaliser vos invitations.

Autres ouvrages d'origami disponibles chez Dessain et Tolra

de Didier Boursin

- Pliages en mouvement
- Pliages en liberté
- Pliages premiers pas
- Pliages de serviettes

De Irmgard Keissler

- Origami n° 2

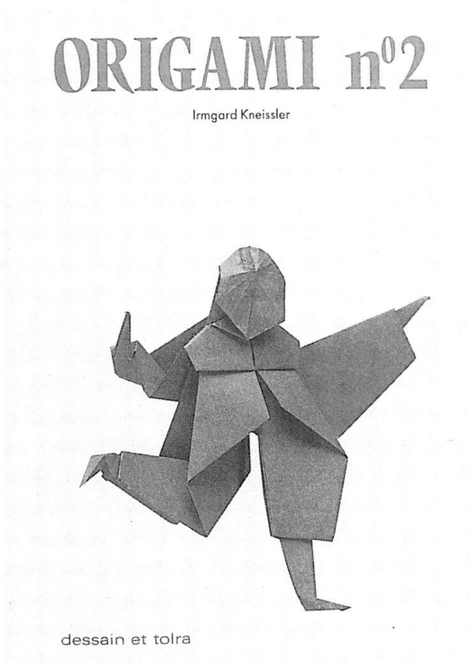